50억짜리 임장보고서

50억짜리 임장보고서

초판 1쇄 인쇄 2022년 10월 10일
초판 1쇄 발행 2022년 10월 20일

지은이 · 성연경
발행인 · 강혜진
발행처 · 진서원
등록 · 제 2012-000384호 2012년 12월 4일
주소 · (04021) 서울 마포구 동교로 44-3 진서원빌딩 3층
대표전화 · (02) 3143-6353 / **팩스** · (02) 3143-6354
홈페이지 · www.jinswon.co.kr · **이메일** · service@jinswon.co.kr

편집진행 · 임지영 | **기획편집부** · 한주원, 김유진
표지 및 내지 디자인 · 디박스 | **종이** · 다올페이퍼 | **인쇄** · 보광문화사 | **마케팅** · 강성우

ISBN 979-11-86647-93-6 13320
진서원 도서번호 22004
값 20,000원

50억짜리 임장보고서

왕초보 3년 만에 부자가 된 비결!

성연경 지음

진원

나와 회사는 썸 타는 관계, 유효 기간 끝나면
Say goodbye!

그동안 함께해서 행복했고, 우리 인연은 여기까지

연인과의 마지막 인사냐고? 아니다. 신입 사원으로 입사해 15년간 외로워도 슬퍼도 매일 출근한 회사와의 마지막 인사다. 함께한 시간으로 따지면 가족보다도, 죽마고우 친구보다도, 결혼 12년 차 남편보다도 월등히 많다.

한 회사에 입사한다는 것은 마치 결혼과 같다고 생각했다. 검은 머리 파뿌리 될 때까지, 생사를 함께하며 참고 인내하고 어떠한 시련이와도 서로를 놓으면 안 된다고 생각했다. 퇴사는 이혼처럼 더 이상 함께하지 못할 아주 특별한 이유가 있을 때 어쩔 수 없이 선택하는 것이라고 생각했다.

새벽 출근 야근 특근, 위에선 누르고 아래선 치받고…

서른네 살, 나는 커리어의 정점을 달리고 있었다. 너무 이르다고? 맞다. 너무 일렀다. 준비되지 않은 팀장으로 팀 업무도, 팀원 관리도, 타 부서와의 관계도 모든 것이 너무 힘들고 서툴렀다. 매일 새벽 1등으로 출근해 야근과 주말 근무를 밥 먹듯 해도 일을 처리하는 속도보다 쌓이는 속도가 더 빨랐다.

그 와중에 일주일에 2일은 박사 과정 수업과 세미나 참석으로 학교에 가야 했고, 해외 출장도 가야 했고, 매주 회장님께 프로젝트 진행 보고를 해야 했다. 프로젝트 진행 보고라는 것은, 프로젝트의 업데이트 상황을 보고할 만큼 매주 진행시켜야 한다는 뜻이다. 물론 그 프로젝트들은 주 업무 외에 대외비로 진행되는 일들이었다.

항상 잠이 부족했다. 만성 피로에 신경은 날카로웠고, 나에게는 팀원의 실수를 용납할 아량도, 타 부서의 업무를 도와줄 여유도 없었다. 솔직히 고백하건대 그 당시에는 나를 필요로 하는 사람들이 귀찮고 성가셨다. '다들 대체 나에게 왜 이러는 거야?'라는 생각뿐이었다. 지금 생각해 보면 아주 미쳐도 제대로 미쳤었다.

상사는 나에게 팀원들이 나와 같은 마인드와 강도로 일할 수 있게 끔 트레이닝할 것을 요구했지만, 팀원들은 그럴 생각이 전혀 없었다. 나는 상사에게는 바른말도 잘하고 부당한 일은 따질 줄 아는 당돌한 '요즘 애'였지만, 부하직원에게는 카리스마도, 힘도, 아량도 없는, 상무님의 아바타인 신입 팀장일 뿐이었다.

번아웃, 내 모든 것이 송두리째 흔들렸다

건강도, 회사 내 인간관계도, 멘탈도 하루하루 무너져 내렸다. 그래도 버티고 참아야 한다고 생각했다. 무엇을 위해서? 모르겠다. 포기하면 지는 것이라고 생각했다. 성공하려면 이 정도의 고생과 희생은 치러야 한다고 생각했다.

그리고 마침내 그 일이 터졌다. 회사 내 불미스러운 사건으로 며칠 만에 직속 상사가 나에게 마지막 인사를 하고 인수인계도 없이 퇴사했다. 직원과 회사는 결혼한 사이가 아니었다. 서로의 필요에 의해 유지되는 계약 관계이며, 한쪽의 필요가 다하면 언제든지 남남이 되는 사이였다. 이혼처럼 조정도 숙려 기간도 없었다. 나를 지켜 준다고 믿었던 공고한 성벽이 실은 한낱 모래성에 불과하다는 것을 깨달았다.

그렇게 나는 다 놓아 버렸다. 팀장 자리도, 하루하루 힘들지만 소중하게 진행하던 프로젝트들도, 한 학기면 수료하는 박사 과정도.

그리고 실적에 대한 스트레스가 적고, 팀 없이 혼자 일하는 부서로

자리를 옮겼다. 약간의 여유가 생기자 입사 후 처음으로 내 인생에 대해 고민하기 시작했다. 나 없는 회사에 대해, 회사 없는 나에 대해. 그리고 인생의 진리를 깨달았다. 관계에서 모든 결정권은 우위에 선 자만이 가진다는 것을. 회사와의 관계에서 우위는 압도적인 실력과 연봉과 인센티브에 휘둘리지 않는 경제력이라고 생각했다.

경제적 자립, 회사와 이별하기 위해!

우선 한 학기 남은 박사 과정을 마무리했다. 회사의 지원을 받아 회사에 필요한 주제로 박사 논문을 쓰고 학위를 받는 것이 회사 생활에, 또는 이 회사를 떠난 후에도 계속 나에게 자산이 되어 줄지 확신이 서지 않았다. 결국 내가 내 인생의 주체가 되기 위해서는 회사 월급이 아쉽지 않을 정도의 경제적 자립이 필요하다는 결론에 다다랐다. 그리고 온전한 내 인생의 주인이 되기 위해 자산을 형성하기 시작했고 그 과정을 이 책에 담았다.

마지막 직장 상사였던 상무님의 말씀으로, 퇴사 결정 후 무거웠던 마음이 한결 가벼워졌다.

"이제 회사와 직원의 관계는 소위 썸 타는 관계입니다. 아직 무엇으로도 규정되지 않은 관계이기에 긴장감이 있고, 남보다 돋보이고 서로에게 잘 보이기 위해 노력하고 나를 더 업그레이드하고, 때로는 더 나은 상대가 있지 않을까 곁눈질로 찾아보기도 하고, 그러다 다른 상대에게 대차게 까이면 다시 아무 일도 없었던 것처럼 돌아와 노력하고, 그러다 정말 운명의 상대를 만나면 쿨하게 서로의 행복을 빌어 주는…. 이제 회사와 직원의 관계는 그래야 합니다. 다만, 썸 타는 그 긴장감을 갖고 최선을 다하고 즐기고 노력하는 과정에서 더 나은 사람이 되면 됩니다."

15년간 회사를 통해 얻은 것들
종잣돈, 영어, 협상력, 실무 능력…

나는 소위 요즘 이야기하는 파이어족이 아니다. 15년 후 은퇴하기 위해 1년 차부터 매달, 매년 얼마를 모으는 철저한 계획하에 회사에서 탈출할 날만 기다리며 하루하루 버티지는 않았다.

때론 힘들기도 했지만, 누구보다 회사 생활에 진심이었고 즐겼다. 남들은 싫어서 피하고 싶다는 회식도, 사내 체육 대회도 즐거웠고 심지어 옆 팀 회식까지 따라가기도 했다. 외국 회사들과의 협업도 재밌었고 서툰 영어지만 다른 문화의 사람들과 소통하는 것도 새롭고 즐거웠다. 그 과정에서 힘들게 향상한 내 영어 실력은 덤이었다.

해외 출장으로 다른 회사를 방문하고 함께 프로젝트를 진행하는 것도, 학회, 박람회, 세미나에 참석하고 새로운 지식을 얻는 것도 즐거웠다. 공식 업무 후에 개인 휴가를 더해 짧은 여행을 즐기는 것도 회사 생활을 하지 않았다면 누리지 못했을 호사였다.

한참 부동산 투자에 빠져 있을 때는 이런 생각을 하기도 했다.

'이렇게 부동산이 돈이 되는 줄 알았더라면 부동산 관련 학과를 나올걸. 대학을 가지 않고 스무 살부터 부동산 투자를 했으면 벌써 어마어마한 자산을 이뤘을 텐데… 나는 왜 쓸데없는 데 돈과 시간을 낭비했나.'

하지만, 지금은 그렇게 생각하지 않는다. 사회생활을 회사라는 조직에서 시작했기에 많은 것들을 배우고 누릴 수 있었고, 회사에서 받은 월급을 종잣돈으로, 그리고 회사에서 익힌 협상력, 실무 능력으로 부동산 공부와 투자를 좀 더 수월하게 할 수 있었다.

부동산 덕분에
의미 있는 인생을 꿈꾸게 되었다

부서를 옮기고 새로운 업무에 적응하고, 부동산으로 자산도 쌓으면서 일상은 안정되어 갔다. 빨리 부동산으로 부자가 되어서 퇴사해야지 하는 마음을 가진 적도 있었지만, 부동산으로 자산과 현금 흐름이 생기니 오히려 회사를 그만둘 이유가 없어졌다. 사소한 일들이나 관계에서 스트레스를 받지 않고 더 여유롭고 즐겁게 일할 수 있었다.

나를 필요로 하는 사람들이 더 이상 힘들지 않았고 고맙고 최선을 다해 돕고 싶어졌다. 하지만 회사와의 관계는 서로를 너무 잘 알고 익숙하기에 더 이상 서로에게 큰 기대도 실망도 하지 않는, 편안하지만 새로움과 긴장감은 없는 오래된 연인 같다고 느껴졌다.

나 자신에게 다시 질문해 보았다.

'만약 당장 내일부터 회사에서 월급을 주지 않는다면, 그래도 회사에 나가서 지금의 일을 하겠는가?'
'지금 받는 월급이 현재 생활 유지나 은퇴 준비에 필수적인가?'

둘 다 아니라는 결론을 얻었다.
그리고 익숙하고 마음 편한 직장인으로의 삶 외에도 내 인생에 뭔가 더 재미있고 의미 있고 내가 잘할 수 있는 일이 있지 않을까 생각하게 되었다.

나는 나도, 내 인생도 너무나 소중하다. 대학 졸업장과 학위도, 치열했던 회사 생활도, 더 힘들었던 부동산 투자도, 그리고 경제적 자유와 시간으로부터의 자유도 인생의 최종 목적지가 아니다. 모두 소중한 내 인생에서 더 좋은, 더 의미 있는 삶을 살기 위한 하나의 여정이고 과정이었다. 그리고 지금 오롯이 내 의지대로 쓸 수 있는 하루 24

시간을 나를 위해 소중히 쓰고 있다.

퇴사하면서 나의 오랜 연인인 회사에게 '함께해서 더러웠고 더 이상 마주치지 말자.'가 아니라 '함께해서 행복했고 서로의 행복을 빌어주자.'로 마무리 인사를 할 수 있어 행복하다.

성연경

3년 만에 50억, 비결은?
1달에 1곳, 임장보고서 쓰기!

임장보고서 질문에 답만 채워도 피 같은 내 돈을 지킨다!

153~166쪽
참고

손품

1단계

지역
정하기

❶ 시 단위로 구분하고, 인구 순으로 나열하기

❷ 저평가된 지역 선정하기

❸ 전세가율 높은 지역 선정하기

❹ 입주 물량 확인하기

2단계

지역
파보기

❶ 주요 시설 파악하기

❷ 행정구역 파악하기

❸ 택지지구 개발 파악하기

3단계

지역별 입지
분류하기

❶ 인구 증감 파악하기

❷ 교통 편의성 파악하기

❸ 학군 선호도 파악하기

❹ 일자리 현황 파악하기

❺ 공급량 파악하기

167~173쪽
참고

발품

4단계

발품 팔여
내용
보강하기

❶ 동별 세부 내용 보강하기

❷ 주요 단지 시세 흐름 파악하기

❸ 동별 전체 시세 조사하기

5단계

투자 기준
확인하기

❶ 저평가되었는가

❷ 전세가율 85% 이상인가

❸ 21~33평형, 300세대 이상 단지인가

❹ '매매 - 전세가' 5,000만원 이하인가

❺ 주변 지역의 장기 공급량 확인했나

❻ 주변 동일 평형 전세 물량 확인했나

❼ 잔금은 충분한가

174~177쪽
참고

결론

6단계

최종 투자처
정하기

❶ 좋은 급지 순으로 매물 선정하기

❷ 같은 평형대 매물 비교 후 투자처 정하기

✦ 임장보고서 템플릿 제공 ✦

저자 블로그 (blog.naver.com/jungsung330) → '자료실'에서 다운로드 (비번 : 7777)

이 책에 수록된 저자의 임장
보고서 파일도 다운로드
받으세요.(비번 : 7777)

< 50억 임장노트 >

"손으로 쓰면 성공 확률이 높아집니다!
나만의 임장노트를 만들어 보세요!"

**임장노트는 《50억짜리 임장보고서》 책에서
설명한 '임장보고서'를 수기 형식으로 구현했습니다.**

손품, 발품 정보를 <50억 임장노트>에 적어 보세요

셋째
마당

임장보고서의 힘 - 3년 만에 50억, 수익률 340% 096

**다섯째
마당**

드디어, 나만의 투자 원칙이 생겼다!   178

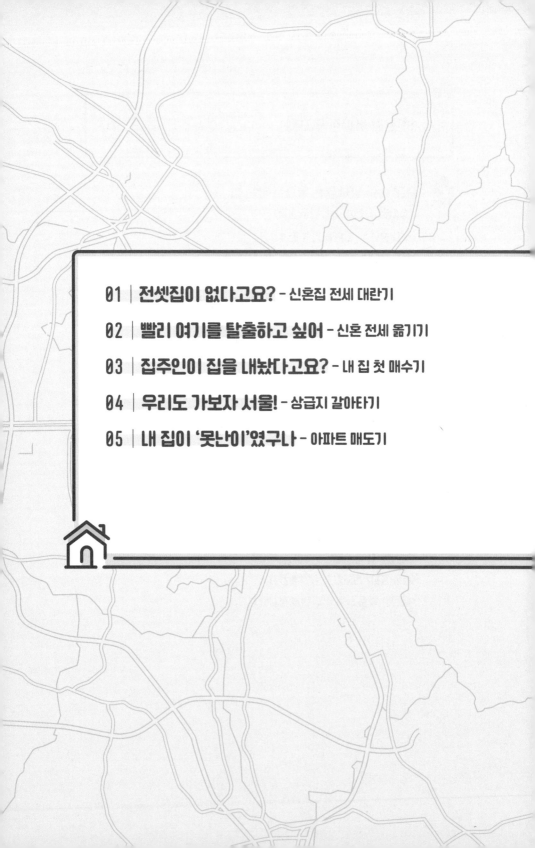

경기도
9,000만원
신혼 전세
'탑동싸' 탈출기

01 전셋집이 없다고요?
* 신혼집 전세 대란기

세입자 경쟁률 5대 1,
20년 차 아파트 신혼집 결정!

결혼은 현실이라고 했던가. 2011년 신혼집을 구하면서 맞닥뜨린 현실은 냉혹했다. 마음에 드는 신축 아파트는 예산이 한참 부족했고, 예산에 맞는 저렴한 빌라에서는 도저히 살 수 있을 것 같지 않았다.

당시 회사 업무상 회사 차를 운전했는데, 주차 공간도 따로 필요했다. 그렇게 우리는 출퇴근 가능 지역, 역세권, 주차 가능한 아파트, 생활 편의 시설 등 포기할 수 없는 조건을 가지고 멀리, 더 멀리 반경을 넓히다가 부천까지 가게 되었다.(당시 남자친구의 직장 위치는 서울역, 나는 강남이었다.)

그런데 이렇게 곳곳에 아파트가 많은데, 전세 매물이 없단다. 연락처를 적어 놓고 가면 방문한 부동산 중개소에서 매물이 나올 때 연락을 준다는 이야기를 들었지만 매번 허탕으로 끝났다.

그렇게 며칠을 기다리다 매물이 나왔다는 연락을 받고 퇴근 후 남자친구와 집을 보러 갔다. 멀다 멀어… 회사 코앞에서 자취를 하던 나인데, 이 먼 길을 매일 출퇴근할 수 있을까? 이런 복잡한 생각을 하며 아파트 단지에 도착했다.

그런데 말로만 듣던 탑동싸˙라니. 아, 동향은 아니었다. 매물을 보러 가니 1층에서 사람들이 웅성웅성했다. 모두 이 집을 보러 왔다는 것이다. 우리가 보고 바로 결정하지 않으면 순서대로 집을 보고 결정을 한단다. 우리 포함 다섯 팀이었다.

꼭대기 층 사이드 집에 20년 차, 수리가 하나도 되지 않은 전세 9,000만 원 기본 집. 마음에 들지 않았지만, 가격과 이사 날짜가 맞았다. 그 집에 살고 있던 세입자가 못마땅하게 우리를 쳐다보는 것 같았다. 그래도 기존 세입자에게 살기 어떤지 꼭 물어보라는 부모님의 말씀이 기억나서 용기 내어 질문을 했다.

"살기 불편하신 점은 없으세요?"

"오래된 아파트 살기 불편하죠. 탑 층이라 다른 집보다 여름에 냉방비, 겨울에 난방비가 더 나오는 건 감안하셔야 해요."

베란다 새시도 제대로 닫히지 않았다. 부동산 중개사에게 집주인한테 수리를 좀 부탁할 수 없느냐고 물었더니 이렇게 반문했다.

◆　**탑동싸**: 탑 층, 동향, 사이드 집을 일컫는 말로, 일반적으로 선호하지 않는 못난이 매물이다. 특히 구축 아파트에서는 여름에 더 덥고 겨울에 더 춥다.

"새댁, 1층에 기다리는 사람들 못 봤어요? 이런 시장에서 수리해 줄 집주인이 어디 있어요?"

"도배도 안 해주시는 거예요? 전세는 도배 해준다고 하던데."

"네. 도배 깨끗한데, 필요하면 직접 하고 들어오셔야 해요. 주인은 아무것도 안 해줍니다."

지난 몇 달간 전셋집 구하기에 지친 우리는 이 집을 놓치면 신혼집을 구하지 못할 수도 있다는 불안감에 휩싸였다. 게다가 우리가 아니라도 계약할 사람이 줄 서 있다는 중개사의 압박에, 남자친구와 눈으로 몇 마디 대화를 나누고는 바로 하겠다고 결정했다. 지금까지 우리 인생 최고의 지출이었다. 그렇게 우리를 제외한 네 팀은 집도 보지 못하고 돌아갔다.

'잘한 거 맞겠지…?'

다음 날 점심시간에 남자친구에게서 전화가 왔다.

"어제 우리가 본 집, 살고 계시던 세입자분 부모님이 아프시대. 이번에 계약 기간이 끝나면서 집주인이 전세 가격을 너무 높여 달라고 해서 그냥 나가겠다고 했고 그날 바로 우리가 계약하겠다고 한 거더라고. 그런데 오늘부터 이사 갈 집을 알아보는데 매물도 없고 가격이 너무 높아서 그냥 집주인이 원하는 대로 올려 주고 그 집에 살고 싶다고 한대. 우리한테 계약 취소를 해줄 수 있느냐고 부탁하더라고. 집주인도 기존 세입자가 계약 연장하면 우리 가계약금은 그대로 돌려주겠다는데…. 어떻게 하지?"

"음… 사정이 딱하긴 한데, 우리가 남 사정 봐줄 형편일까?"

마음이 불편했지만, 전셋집을 구하면서 우리의 경제적 위치를 정확하게 인지하고 나니 서글픈 마음과 동시에 뭔가 모를 독기와 오기가 생겼다. 그리고 막막했다. 과연 우리는 언제 돈을 모아서 집을 살 수 있을까? 계속 오르는 집값은 우리를 기다려 줄까?

요즘은 결혼할 때 혼인신고도 바로 안 한다던데… 우리는 신혼집 전세자금대출을 조금이라도 좋은 조건으로 받으려고 결혼식도 올리기 전에 혼인신고부터 했다. 신혼부부라는 증명서류가 필요해서.
'혼인신고 안 하는 사람들은 전세자금대출을 안 받아도 되는 건가?' 별게 다 궁금해졌다.

자산으로 계급이 결정되는 대한민국?

이렇게 서른 살 동갑내기 커플인 우리는 결혼과 동시에 '전셋집' 하우스 푸어가 되었다. 중고등학교 시절 내내 부모님과 선생님의 사랑을 듬뿍 받는 우등생이었고, 소위 명문대를 졸업하고, 괜찮은 회사를 다니고, 또 나와 비슷한 상대를 만나 결혼을 결정하는 과정에 이르기까지, 내가 우리 사회에서 상위층은 아니라도 중간 계층은 된다고 막연히 믿어 왔던 것 같다.
결혼이 현실화되면서 그 착각은 산산이 깨졌다. 그리고 알게 되었다. 우리 사회에서 계층은 철저하게 자산으로 결정된다는 것, 현재 우리 자산으로는 하위 계급이라는 것, 그리고 우리와 같은 월급쟁이로는 올라갈 수 있는 사다리에 한계가 있다는 것이 그것이다. 당연히 부모님보다는 더 나은 삶을 살 거라고 생각했던 내가 과연 부모님만큼이라도 살 수 있을까 생각이 들면서, 우리 부모님들이 더 대단하게 느껴졌다.

비슷한 시기에 결혼을 하거나 준비하던 친구들, 선후배들에게 물어보아도 상황은 크게 다르지 않았다. 그래도 전셋집 대출금은 우리가 가장 적은 것 같았다. 우리가 현금 여유가 많았다기보다는, 대출금을 최소로 받기 위해 신혼집에 대한 예산을 낮게 잡은 이유였다. 그때는 그걸 위안으로 삼았다. '그래도 우리는 대출이 적잖아…'

그렇게 전쟁과 같은 신혼집 구하기는 일단락되었고, 소꿉장난 같은 신혼 생활이 시작되었다. 아파트라 주차 공간은 있었지만, 정말 지옥이었다. 아침에 출근하려고 보면 차는 막혀 있기 일쑤였고, CCTV가 없어서 가해자를 찾지도 못했다. 아침마다 출근하면서 네다섯 대의 차를 미는 것으로 하루를 시작했다. 그렇게 겨울이 되었고, 난방을 해도 너무 추웠다. 퇴근하고 집에 오니 관리실에서 쪽지를 붙여 놓았다. 보일러를 예전보다 많이 틀어서 비용이 많이 나올 것 같으니 좀 줄이라고. 퇴근하고 밤에만 틀었고, 따뜻하지도 않았는데….

그리고 우리는 그달 '40만원' 난방비 고지서를 받았다. '탑사' 아파트의 위력을 여실히 알게 되었다. 그날 이후로 겨울 내내 우리는 모든 방의 보일러 밸브를 잠갔다. 그리고 그나마 덜 추운 거실에서 약하게 보일러를 틀고 전기장판에 의지해서 두꺼운 이불 두 개를 겹쳐 함께 덮고 잤다.

그리고 매일 생각했다. 빨리 여기를 탈출하고 싶다.

02 빨리 여기를 탈출하고 싶어
＊ 신혼 전세 옮기기

집주인이 집도 안 보고 샀다고?

전셋집 계약하는 과정에서 집주인은 한 번도 보지 못했다. 제주도에 살아서 중개소에서 모두 위임한다고 했다. 얼핏 듣기로는 이 집을 살 때도 집을 안 보고 샀다고 했다. '안 보고 샀으니 이런 집을 사서 수리도 안 해주지. 그런데 집을 안 보고 산다고? 제주도에 사시는 분이 왜?' 그 당시 아파트 투자에 대해서 아무런 지식이 없던 나는 집주인이 왜 이런 작은 구축 아파트를 보지도 않고 매수했을까 이해하지 못했다.

어느 날 아랫집에서 연락이 왔다. 우리 집 화장실에서 물이 새어 아랫집 안방 천장까지 다 젖었다고 한다.

"어떡해? 우리가 물어 줘야 하는 거야?"

"주인하고 이야기해 봐야 하긴 한데, 이런 건 집주인이 해주는 걸로 알고 있어. 우리가 뭘 파손한 건 아니잖아."

그러다가, 예전에 전 세입자와의 대화에서 자기들은 작은 것 하나도 주인한테 연락 안 하고 다 본인들이 고쳐서 썼다, 욕조 바닥 깨진 것도 본인들이 붙여서 썼다고 이야기한 것이 기억났다. 실제로 누수 조사를 해보니 욕조 바닥의 깨진 부분으로 물이 들어가서 우리 집 욕실 바닥 전체에 물이 스며들었고, 결국 아랫집 천장까지 다 젖게 된 것이다. 그래서 집주인의 비용으로 우리 집 욕실과 아랫집 천장 공사까지 며칠간 진행했다.

'와, 이런 집 주인도 힘들겠구나.'

그리고 2년이 가까워질 때쯤, 남편으로부터 놀라운 이야기를 들었다.

"중개소에서 연락 왔는데, 집주인이 2년 더 살 거면 3,000만원 올려달라고 하네. 그리고 집을 팔고 싶어 하는데 우리가 산다고 하면 시세보다 좀 싸게 주겠대."

"왜 판대?"

"모르지. 투자로 샀는데 생각보다 잘 안 오르고 관리도 어려우니까 팔려고 한다나 봐."

"우리가 이런 집을 왜 사? 안 사. 그리고 3,000만원? 나간다고 해."

두 번째 전셋집은 안양 옆 의왕

　매매 가격이 얼마인지, 우리에게 얼마에 주겠다고 하는지 궁금하지도 않았다. 매매 가격을 제대로 알아보지도 않고, 이사 갈 전셋집을 구하러 다녔다. 2년 사이 전세 가격은 더 많이 올라 있었다. 우리 재산은 크게 불어나지 않았지만, 우리 눈높이와 간은 크게 불어나 있어서 은행 대출을 좀 더 많이 받아서 여건이 나은 전셋집을 구하러 다녔다. 그 당시 나의 근무지는 용인 신갈로 바뀌었다. 전셋집 조건 1순위는 출퇴근 시간, 그리고 2순위는 주차와 집 상태였다. 그렇게 우리는 안양 옆 의왕시라는 곳으로 이사를 했다.

03 집주인이 집을 내놨다고요?
* 내 집 첫 매수기

생애 첫 내 집 찾아 삼만리

"자기야, 집주인이 집 내놨다고 연락 왔어. 집 보여 줘야 한대."

"아 진짜? 우리 집주인들은 왜 다 집을 판대? 우리 계약 기간은 보장되는 거지?"

이번에는 3주택을 가진 부자 집주인이 사정상 집을 판다고 내놓았다. 간간이 중개소에서 집을 보여 준다고 연락이 왔다. 그때마다 시간을 조율하고, 집을 대충이라도 치우고 보여 주려니 여간 귀찮지 않았다. 그래도 열심히 협조하려고 노력했다. 하지만 우리 전세가 6개월 이상 남은 상황에서 쉽게 계약이 성사되지 않았다.

"아직 이삿날이 6개월 이상 남았는데, 우리 전셋집 구하러 다니기도 그렇고…. 지금 집값이 높지 않은 것 같은데 우리가 집 사서 먼저 나갈까?"

	인덕원 삼호	인덕원 삼성	안양동 삼성래미안	석수 두산위브 (최종 결정)
남편 출퇴근 시간 (지하철)	1시간	50분	50분	50분
내 출퇴근 시간 (자가용)	40분	40분	50분	1시간
지하철 도보 이용	4호선, 15분	4호선, 7분	1호선, 5분 (급행)	1호선, 5분 이내
연식	1991년 준공	1998년 준공	2002년 준공	2010년 준공
세대수	684	1,314	1,998	742
주변 자연환경	안양천		안양천	안양천
주변 생활환경	상가 부족	상가 있음, 유흥가	상가 있음	상가 있음, 철제 상가
장점	가격이 쌈	대단지, 여러모로 적정함	대단지, 여러모로 적정함	새 아파트, 초역세권, 서울 근접
단점	역에서 거리가 있음	연식 대비 가격 비쌈, 역 유흥가	실평수가 작고, 상태 좋은 집이 없었음	아스콘 공장, 철제 상가, 지역 확장성 부족
매매가 (32평)	3.4억원	4.2억원	3.6억원	4.2억원
순위	4위	2위	3위	1위(시세보다 싼 2층 서향 급매(?) 매수)

▲ 2014년 말 실거주 후보 아파트 비교표

나보다는 이재에 밝은 남편이 집을 사자고 제안했다.

"집 샀다가 집값 떨어지면 어떡해? 대출 이자는? 그래도 한번 알아볼까?"

그렇게 우리의 첫 내 집 찾아 삼만리가 시작되었다. 먼저 남편과 나의 직장을 기준으로 한 시간 이내로 출퇴근 가능한 지역을 추리고, 지하철역 기준으로 연식이 괜찮고 세대수가 많은 아파트를 선정하였다. 그 당시 남편의 직장 위치는 서울역, 그리고 1년 정도 후면 용산에 건축 중인 사옥이 완성되어 용산으로 출퇴근을 해야 했다. 나의 직장은 용인시 기흥구, 그리고 나는 서울과 지방으로 출장이 많았다. 그렇게 해서 추려진 것은 인덕원역, 안양역, 석수역의 아파트였다.

그리고 최종적으로 네 개의 단지를 추렸다. 당시에 정리한 각각의 장단점은 왼쪽 표와 같다.

'석수 두산위브' 실거주 아파트로 결정!

그 당시 부동산 선정에 노하우가 없었던 서른세 살 동갑내기 신혼부부는 입주 4년차로 연식이 가장 짧지만 가격이 저렴하고 이사 날짜 조율이 용이한 석수 두산위브 아파트로 최종 결정을 하였다.

그런데 이사 날짜 하나까지 우리가 마음대로 할 수 있는 것은 하나도 없었다. 우리가 원하는 금액만큼 대출이 나오는지 정확히 확인해야 했고, 우리가 매수하고 싶은 집에 살고 있는 세입자의 이사 날짜, 우리 전셋집을 매수한 매수자의 이사 날짜, 모든 것을 조율하고 맞춰야 했다.

'와, 이사 한번 하는 거 장난 아니네.'

결국 우리가 매수한 집에 살고 있던 월세 세입자는 우리 이사 날짜에 맞추느라 이사를 두 번 해야 했다. 기존 집주인과 우리가 50만원씩 총 100만원의 이사 비용을 내주면서 모든 상황이 마무리되었다.

2014년 12월, 인생의 첫 내 집 마련. 그것도 수도권 역세권 대단지 신축 아파트. 정말 꿈만 같았다. 세입자가 이사를 나가고 우리가 이사를 하기까지 10일 정도의 여유가 있었는데, 퇴근하고 거의 매일 남편과 그 집에 들러서 살펴보는 것이 너무나 행복했다.

"여기에 침대 놓고, 여기에 식탁 놓고… 너무 좋다!"

매달 은행에 지불하는 원리금 상환이 조금 부담되긴 했지만, 내 집이 주는 안정감과 크게 기대하지 않았던 약간의 시세 상승까지. 첫 집 장만 후 4년간은 꽤 행복하고 안정적이었다. 그사이 나의 출근지는 서울 강남으로 변경되었고, 때마침 개통한 강남순환고속도로를 타고 편도 20분이면 강남으로 출근이 가능해지면서 우리의 선택이 정말 탁월했다는 착각에 빠졌다. 2018년 여름, 서울의 아파트 폭등이 있기 전까지는!

"뭐? 우리 집을 팔아서 이사 갈 수 있는 서울 아파트가 없다고! 이제 우리는 서울로 이사 못 가는 거야?"

04

우리도 가보자 서울!
* 상급지 갈아타기

왜 우리 아파트만 적게 올랐을까?

2018년 여름, 연일 뉴스에서 부동산 가격 상승 기사가 쏟아졌다. 누구든 만나기만 하면 부동산 이야기를 했다.

"너네 집도 많이 올랐어? 갑자기 아파트 가격이 왜 이렇게 오르는 거야?"

서울에 살고 있는 친구를 만났다.

"내 친구 A는 올해 초 대출을 왕창 끼고 서울에 집을 샀는데, 벌써 5,000만원 넘게 올랐대!"

"진짜? 어딘데?"

네이버 부동산 앱에서 찾아본 그 아파트의 매매 가격은 정말 몇 달 사이 5,000만원이 넘게 올라 있었다. 그런데 내 눈은 오르기 전의 그 아파트의 가격에 멈춰 있었다.

'어라, 우리 아파트하고 가격 차이가 얼마 안 났네. 그런데 우리 아파트가 2,000만원 오르는 사이 이 아파트는 5,000만원이 올랐네. 왜 그렇지? 우리 아파트가 역세권에 더 새 아파트인데."

태어나서 처음으로 아파트 가격에 대해 궁금해졌다. 아파트 가격이 왜 오르고 떨어지는지, 왜 어떤 지역은 더 많이 오르고 어떤 지역은 꿈쩍도 하지 않는지….

"책도 보고, 강의도 들어 봐. 우리 회사에는 아파트 투자하시는 분들도 있어."

나의 이런 관심을 반가워하며 남편이 책도 추천해 주고 강의도 들어 볼 것을 권유했다. 네이버에 들어가서 부동산 관련된 카페도 찾아보고 가입하고 글도 읽어 보았다. 잘 이해가 되지 않았지만, 일단 서울 아파트가 가장 좋다고 한다. '우리 집을 살 때, 왜 서울에 있는 아파트는 고려해 보지 않았을까? 지금 보니 그때 가격 차이가 그렇게 크지 않았는데…. 결국 선택을 하지는 못했더라도 왜 고려도 해보지 않았을까?' 우리의 좁디좁았던 시야에 대해서 후회가 밀려왔다.

몇 개월만 일찍 시도했더라면

한차례 오른 서울 아파트 시장은, 매도자 우위 시장으로 매물이 자취를 감추었다. 그나마 나와 있는 매물은 직전 실거래가에 비해 가격이 너무 높았다. 주말에 부동산 중개소를 찾았지만 매물이 없어 문을 달은 곳이 많았고, 그나마 문을 연 중개소도 응대가 시원치 않았다.

'집을 사겠다고 하는데도 이런 대우를 받는구나.'

우리 아파트의 예상 매도 가격, 그리고 현재 현금 자산, 현금화할 수 있는 자산을 계산하고, 감당 가능한 대출 금액을 산정하여 매수 가능한 최종 금액을 정했다. 선택의 폭이 크지 않았다. '아, 몇 개월만 일찍 시도했으면 선택할 수 있는 아파트가 이렇게 많았는데….' 후회해도 소용없었다. 한번 오른 가격은 내려올 리 만무하다. 지금 할 수 있는 걸 해야 한다. 아직 덜 오른 곳을 찾아보자.

그렇게 한 아파트 단지를 타겟으로 설정하고, 예산에 맞는 매물이 나오기를 기다렸다.

나왔다.

그런데 전세가 3년 6개월이 남아 있단다.

또 나왔다.

그런데 예산 초과다. 그리고 잔금이 다음 달이란다.

그렇게 거의 포기하고 있을 때쯤, 이사 날짜가 정해져 있었던 두 번째 본 집의 주인이 본인이 매수한 아파트 잔금 날 우리가 중도금만 일부 주면, 내가 원하는 가격에 매도하겠다고 연락해 왔다.

'역시 부동산은 급하지 않은 사람이 이기는 게임이구나.'

그렇게 꿈만 같았던 서울 아파트 입성이 눈앞에 다가왔다. 이제 우리 집만 잘 팔면 된다. 서울 아파트 가격 상승 흐름을 타고, 서울과 경기도 경계에 있던 우리 아파트 단지도 매물이 자취를 감추었다. '이제 우리가 집을 내놓기만 하면 서로 사겠다고 우르르 달려오겠지?'라는 꿈에 부풀어 중개소를 찾았다.

05 내 집이 '못난이'였구나
* 아파트 매도기

2층 서향 타워형이 '못난이'라고요?

"아, ○○○동 ○○○호요… 서향집 2층이네요. 타워형이고요."

집을 내놓으면서 중개소에서 나는 죄인이 되어 있었다. 우리 집은 말로만 듣던 '못난이'였다. 지금 생각해 보니, 우리가 저렴한 가격에 혹해서 이 집을 선택할 때, 중개소 직원이 조금 말렸던 것도 같다. 집을 처음 사는 젊은 부부가 걱정되었나 보다.

"2층 서향집이라 빛이 잘 안 들어와요. 구조도 일반적으로 선호하는 구조는 아니에요. 몇천 더 비싸도 비싼 집이 나중에 팔 때 좋을 수 있어요."

"저희 어차피 맞벌이라 낮에 집에 없어요. 밤에만 집에 있어서 괜찮아요. 그리고 저는 이 구조 좋은데요!"

이미 집과 사랑에 빠져 있던 터라 그런 말들이 귀에 들어올 리 없었다. (부동산 투자를 배우고 난 후, 나는 2층 집은 매수 고려는 물론이고 매물을 보지도 않는다.)

우리가 이전 실거래 가격에서 가격을 올려 집을 내놓자, 갑자기 매물이 우수수 쏟아졌다. 서울 아파트 계약을 확정한 이후라, 우리는 집을 꼭 팔아야만 했다. 그래서 집을 깨끗이 치우고, 주황색 전등을 켜고 광각 카메라로 집 내부 사진을 따뜻하고 예쁘게 찍었다. 그리고 주변 중개소에 먼저 전화를 돌리고, 시간이 되는 대로 찾아가서 설명을 했다. 관심을 보이면 "사진 있는데 보실래요?"라고 이야기하며 핸드폰에 있는 사진을 열심히 보여 주었다.

"혹시 필로티 2층*이에요?"

"아, 아니요. 1층에 세대 있어요."

아, 우리 집은 뭐 하나 장점이 없구나. 결국 가격밖에 없는 건가. 내 눈에는 우리 집이 세상 제일 예쁘고 좋지만 매도할 때는 객관화해서 봐야 한다. 그나마 부동산 공부를 하고 있던 나는 어느 정도 객관화가 되었지만, 남편은 집을 보고 마음에 안 들어 하는 예비 매수자들에게 마음이 많이 상했다.

"오늘 본 사람들은 뭐래?"

"몰라. 엄마하고 예비 신부인 거 같은데, 딸은 꽤 마음에 들어 하는

◆　**필로티 2층** : 1층이 필로티로 비어 있어 2층이지만 1층과 같이 층간 소음에 자유로운 세대로, 1층은 피하고 싶지만 층간 소음이 우려되는 어린아이들이 있는 집에서 선호한다.

눈치인데 어머니가 집이 남향도 아니고 빛도 잘 안 들어오고 맞통풍 구조도 아니라나 뭐라나. 계속 트집을 잡아서 기분 완전 상했어."

"나도 잘 몰랐는데, 내가 공부를 해보니 우리 집이 엄청 못난이야. 우리한테야 전 재산이고 예쁜 우리 집이지만, 몇억이나 주고 사려는 사람들은 이리 따지고 저리 따지지. 우리도 집 보면서 이 트집 저 트집 다 잡았잖아. 욕심을 줄여서 팔자."

⋮ 드디어 결혼 8년 만에 서울 입성!

우리가 받고 싶었던 가격은 6억 4,000만원이었다. 그런데 마음을 내려놓고 6억 2,000만원에서 6억 3,000만원에 팔아 달라고 했다. 내 의도는 '6억 3,000만원이 받고 싶은데, 6억 2,000만원까지는 조정할 마음이 있어요.'라는 뜻이었다. 하지만, 중개소에서는 이런 이야기를 듣는 순간 그냥 6억 2,000만원으로 가격을 정한다. 그리고 얼마 지나지 않아 남자분 혼자 퇴근 후에 집을 보고는 거래를 희망한다는 연락을 받았다.

"새댁, 남자분 혼자 집 보고 갔는데 우리가 빨리 결정해야 한다고 몰아붙였어요. 이 단지 24평에서 넓혀서 이사하는 분이라 돈 여유가 많지는 않다고 하네요. 그래서 6억 2,000만원에서 1,000만원만 더 조정해 주면 바로 결정하실 것 같아요."

"아, 1,000만원이요…."

"집 상태도 좋고, 많이 받고 싶은 마음 충분히 이해하는데, 6억 1,000만원도 나쁘지 않아요. 잠겼던 매물도 계속 나오고 있고, 지금이 손님 놓치면 언제 기회 올지 몰라요. 기회 왔을 때 빨리 결정해요."

지금 생각해 보면 1,000만원 네고가 들어왔을 때, 300만원이나 500만원 정도로 다시 제안해 볼 수도 있었을 텐데, 그때는 조정가를 다시 내놓으면 매수자가 기분이 상해서 다시 응하지 않을까 봐 걱정이 되었다. 그래서 우리는 '쿨하게' 1,000만원을 바로 조정해서 계약을 결정하였다.

그렇게 우리는 같은 단지에서 집을 넓혀서 이사하려는, 우리만큼이나 집을 볼 줄 모르는 3인 가족에게 집을 팔 수 있었다. 그런데 돈도 없고, 우리 집이 깨끗해서 마음에 든다고 했던 매수자는, 지은 지 8년밖에 안 된 깨끗한 그 집을 화장실과 싱크대까지 브랜드 제품으로 올 수리하고 방마다 시스템에어컨 시공도 한다고 했다.

이렇게 우리는 결혼 8년 만에 우리의 직장이 있는 서울로 입성하였고, 본격적으로 부동산 투자를 시작하게 되었다.

Tip 최고가 찍은 매수자가 되지 않으려면? - 매매·전세 지수 비교

아래 그래프는 경기도의 월간 매매 지수와 전세 지수 그리고 변동률을 나타낸 그래프다. 우리가 결혼한 2011년도 이전부터 빨간색 전세 지수는 계속 상승 중이었고, 2017년 하반기까지도 상승을 이어 나갔다. 우리가 전세를 구하던 시기에 왜 그렇게 전세 가격이 급등했는지 알 수 있다. 반면, 파란색 매매 지수는 2015년도까지 소폭이지만 하락했다. 우리가 집을 매수한 2014년도 말에 왜 분양가보다 낮은 가격에 집을 매수할 수 있었는지 알 수 있다. 앱을 활용해 자치구별로도 자료를 확인할 수 있으니 관심 있는 지역의 그래프를 확인해 보자.

아파트 매수 시, 매매 지수가 지난 몇 년간 상승했고, 현재 지수상 가장 고점에 있다면, 비싼 가격에 살 확률이 높으니 매수를 좀 더 고민해 보는 것이 좋다. 반면, 2014년도와 같이 지난 몇 년간 매매가는 크게 변동이 없는데 전세 지수가 끝없이 상승한다면, 아파트 매수를 고려해 보는 것이 좋다.

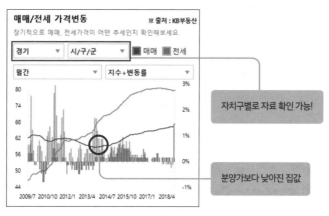

▲ 2010~2018년의 경기도 부동산 시장 분석 (출처 : 아실)

둘째
마당

부동산 공부,
뭐부터
시작하지?

06 부동산 공부, 오늘부터 1일! ① 강의

부동산으로 돈을 벌려면?

우리보다 더 훌륭하게 투자한 분들이 셀 수 없이 많지만, 남편과 나는 운이 참 좋았다. 적절한 시기에 많지 않은 대출을 받아 실제 4년 전 분양가보다 낮은 가격으로 아파트를 매수했다. 그리고 역세권 대단지 신축 아파트의 혜택을 다 누리고 길지 않은 기간에 시세 차익까지 남겨서 비과세로 매도 후 상급지로 갈아타기까지 했다.

처음부터 그렇게 계획을 했던 것은 아니다. 그리고 그 기간 동안, 시부모님과 오빠 부부가 사는 일산은 매매 가격이 거의 꿈쩍도 하지 않았다. 지방에 사는 우리 부모님 아파트는 말하면 입 아프다. 그리고 시부모님이 오래 전에 분양을 받고 오랜 기간 소유하다 불과 몇 년 전에 매도한 용산 아파트 가격은 어마어마하게 상승했다. 남편은 틈만 나면 이야기했다.

"그러니까, 용산 아파트 내가 절대 팔지 말라고 했는데 파서 가지고…."

궁금해졌다. 왜 누구는 부동산으로 돈을 벌고, 누구는 그러지 못한지. 이게 다 그냥 운의 영역인 것인지. 혹자의 말대로 부동산에 대한 '감'은 타고나는 것인지. 우리 같은 사람들은 절대 알 수 없는 '그들'만의 영역인 것인지. 누군가는 서울 아파트가 이렇게 많이 상승할지 알고 미리 매수한 것인지.

시부모님이 판 용산의 아파트는 모 여배우의 언니가 결혼하면서 신혼집으로 샀다고 들었는데, 역시 부동산은 연예인 따라 해야 하는 것인지…. 그 연예인들은 어떻게 알고 투자하는 것인지. 유명하다는 부동산 고수에게 물어보고 하면 되는 것인지. 그 부동산 고수는 어디 가면 만날 수 있는지. 그 고수들은 어떻게 예측하고 맞추는 것인지. 사기꾼과 고수는 어떻게 구별할 수 있는지.

그 당시 나보다 더 부동산에 관심이 많았던 한 친구는 직장 선배가 소개해 준 한 부동산 고수의 카페에 가입하고, 거기서 재건축 전망이 좋다고 소개한 아파트 두 채를 한 달 만에 매수한 뒤 나에게도 추천해 주었다. 그때 나는 그 아파트에 투자할 돈도 없었지만, 그 아파트 단지가 왜 전망이 좋은지 전혀 알 수 없었다. (우여곡절이 있었지만, 시세 차익으로만 본다면 결과적으로 친구의 투자는 아주 잘한 투자가 되었다.)

보다가 답답했는지, 남편이 부동산 투자를 하는 회사 동료들이 추천해 주었다면서 몇몇 저자의 책과 유명한 부동산 강사를 알려 주고 강의도 들어 보라고 추천해 주었다.

'아, 이것도 학원 다니듯이 강의를 듣는 거구나.'

강의 듣고 책 보고 공부하는 거라면 자신 있었다.

왕초보라면 강의 듣기를 추천

부동산에 대해서 나와 같은 문외한이라면, 우선은 부동산 투자에 대한 기초 강의 수강을 추천한다. 초반에는 부동산 투자보다도 자본주의를 이해하는 것이 필요하다.

처음 접하는 강의 시장이 궁금했다. '이렇게 부동산 투자로 돈도 많이 벌고 이미 고수인 분들이 왜 사람들에게 강의를 하고 지식 나눔을 하지?' 내가 생각해 낸 이유는 세 가지였다.

첫째, 부동산 외 안정적인 수입원이 필요해서. 둘째, 부동산에 대한 관심을 늘려 부동산 투자 시장이라는 파이를 키우기 위해서. 그리고 셋째, 강의를 통해 지속적으로 자신의 실력도 높이고 순수한 마음으로 도움이 필요한 사람들을 돕기 위해서.

3년간 부동산 공부를 해보니 처음의 내 생각이 크게 틀리지 않은 것 같다.

간간이 미디어에서 유명 부동산 강사가 수강생을 상대로 사기를 친 사건들이 보도된다. 내가 부동산 강의를 듣는다고 했을 때, 강사에 대해 색안경을 끼고 의심하는 지인들도 있었다. 처음부터 악의를 가지고 수강생을 모집하는 강사도 소수 있을 수 있지만, 내가 만나본 대부분의 강사들은 나름의 투자 철학과 소신, 이론과 실전을 바탕으로 한 분야의 전문가가 된 분들이었다.

나는 사기는 사기꾼 혼자 할 수 없는 영역이라고 생각한다. 사기꾼과 쉽게 돈을 벌려는 사람들의 욕심이 합을 이루었을 때에야 가능하게 된다. 누가 찍어 주는 아파트를 사서 쉽게 돈을 벌려는 욕심이 아니라, 제대로 배워서 투자하겠다는 마인드만 갖는다면 좋은 강의와 강사를 만나 초반의 시행착오를 줄일 수 있을 것이다.

처음엔 자본주의 구조를 이해하는 것부터

부동산 기초 강의는 강의 초반 많은 시간을 자본주의를 설명하는 데에 할애한다. 처음에는 '아, 지금 투자하기 좋은 지역하고 어떻게 투자하는지나 빨리 알려주지.'라고 생각했는데, 강의를 들을수록 알에서 깨어나는 나 자신을 발견할 수 있었다.

나의 은퇴 시기를 생각해 보고, 은퇴 후 죽을 때까지 비루하지 않게 살기 위해서 얼마의 돈이 필요한지 계산해 보았다. 지금 내가 열심히 회사만 다니고, 그렇게 받은 월급을 소비와 여행에 탕진하며 힘들게 일한 것에 대한 보상을 받으려 한다면 은퇴 후 필요한 돈을 다 모으지 못한다는 결론에 도달하고 마음이 바빠졌다.

현재 대한민국에 살고 있는 대부분의 사람들은 자본주의 사회에서

태어났다. 태어나 보니 대한민국과 세계 대부분의 국가가 자본주의 체제를 표방하고 있어, 자본주의라는 것을 물과 공기처럼 너무나 자연스럽게 받아들였다.

자라면서 생활의 많은 부분을 부모에게 배우듯, 돈과 금융에 대해서도 부모의 영향을 많이 받았다. 돈은 아끼고 모아서 저금해야 하고, 빚은 나쁘고 무서운 것이며, 돈을 너무 밝히는 것은 좋지 않다고 말이다. 열심히 공부해서 좋은 대학 나와서 좋은 회사에 들어가면 보장된 인생을 살 수 있다고 들으며 자랐다. 안정된 직장과 분수에 맞게 사는 게 최고라고 배웠다. 하지만, 부모가 하라는 대로 했는데 왜 내 생활은 안정적이지 않고 내 노후는 보장되지 않는 것일까?

대한민국은 1945년 광복을 맞으면서 미국의 영향 아래 자본주의 국가가 되었다. 지금으로부터 불과 100년도 채 안 된 사이에 일어난 일이다. 대한민국의 자본주의 역사에서 우리 부모들은 과연 누구에게 어떤 자본주의 교육을 받고 경험할 수 있었을까?

초등학교 사회 시간에 자본주의의 3요소는 자본, 토지, 노동이라고 배웠다. 자본주의 사회에서 돈을 벌 수 있는 세 가지 수단인 것이다. 세 가지 중 하나, 또는 세 가지를 모두 선택할 수 있는데 우리는 왜 지금까지 노동으로만 돈을 벌 수 있다고 생각했을까? 물려받은 자본과 토지가 없어서? 그러면 우리 자식과 자손들도 자본주의 사회에서 우리처럼 대대로 노동으로만 먹고살아야 할까?

자손까지 갈 것도 없다. 나도 늙어 죽을 때까지 일을 해야 하는 걸까? 왜 자본주의 사회에 살고 있으면서 노동으로 번 돈만 신성하고 자본과 토지로 번 돈은 불로 소득이라고 해서 폄하하는 것일까? 뭐가 잘 못되어도 한참 잘못되었다. 물려받은 자본과 토지가 없으면 이제부터 내가 만들면 된다. 이제 노동으로 번 돈으로 내 노동을 대신해 계속 돈을 벌어 줄 자본과 토지, 즉 생산 수단을 가져야겠다고 깨달았다.

⋮ 나와 궁합이 맞는 강의는 따로 있다!

여러 플랫폼에서 여러 강사들의 강의를 들으면 서로 상충되는 이 야기를 하거나, 은근히 다른 강사를 비방하는 것을 볼 때도 있다. 그 래서 나와 맞는 강사나 플랫폼을 정해 두고 강의를 꾸준히 들어 볼 것을 권한다. 나도 한 곳에서 오랫동안 강의를 들었고, 그 투자 방식을 완전히 내 것으로 만든 후에 스스로 투자 판단을 하고, 다른 강의, 다른 투자 방식을 공부하며 넓혀 나갔다.

초반에 이 강사, 저 강사의 강의를 기웃기웃하면, 투자자가 아니라 자칫 강의 전문가만 될 수도 있다. 저서, 유튜브, 강의 후기 등을 통해 충분히 비교해서 나와 맞는 강사를 찾아 적어도 1년 정도는 투자 방식을 꾸준히 배우고 익혀 볼 것을 권장한다.

모두가 자신이 한 투자, 짧게는 3년 길게는 20년의 투자가 가장 좋은 투자라고 이야기한다. 나도 3년의 짧은 아파트 투자로 이렇게 책을 쓰고 있다. 아파트 투자를 하는 사람은 아파트가, 오피스텔 투자자는 오피스텔이, 상가 투자자는 상가가, 토지 투자자는 토지가 최고의 투자라고 이야기한다.

나는 그 방식으로 실제로 돈을 번 사람이 있다면 모두가 좋은 투자라고 생각한다. 다만, 나에게는 남이 돈을 번 투자가 아닌, 적더라도 내가 돈을 번 투자가 최고의 투자이다. 따라서 '과연 정말일까?' '지금도 이게 될까?' '이것보다 더 좋은 게 없을까?'라는 의심을 거두고, 한번 배우기로 시작한 분야와 강사의 모든 노하우를 내가 스펀지처럼 다 흡수해 버리겠다는 각오로 진심을 다해 배우고 익혀야 한다.

다만, 어느 정도 익힌 후에는 강사나 커뮤니티에 대한 지나친 의존을 줄이고, 스스로 투자 기준과 철학을 세우고 판단하고 투자 범위를 넓혀 나가야 지속적으로 투자자로 성장할 수 있다.

Tip 초보자를 위한 부동산 강의 추천 가이드

코로나와 함께 대부분의 강의가 온라인으로 전환하거나 온·오프라인 강의를 병행하면서 이전에 오프라인 강의만 할 때보다 강의 듣는 것은 편해졌다. 강의 수강 가능 인원도 늘어났고, 지방에서도 편하게 수강이 가능해졌다.

하지만 가능하다면 한 번은 오프라인으로 강의를 들어 볼 것을 추천한다. 강의를 하는 강사와 강의를 듣는 다른 수강생들의 열정에 많은 동기 부여를 받을 수 있을 것이다.

다음은 부동산, 특히 아파트 투자에 대한 강의를 하는 카페와 블로그 리스트를 공유한다. 하지만 나도 모든 강의를 다 들어 본 것은 아니다. 이보다 더 좋은 강의나 카페도 많으니 더 넓게 알아보면 좋겠다.

구분	이름	멤버 수	특징
카페(강의)	월급쟁이부자들	46만명	직장인 부동산 투자 강의
	행복재테크	19만명	부동산, 경매, 창업 관련 강의
	부동산스케치북	11만명	다양한 부동산 투자 강의
	다꿈스쿨	5만명	부동산, 경매, 온라인 마케팅 관련 강의
	발품	3만명	부동산, 재개발 재건축 관련 강의
	리얼망고스쿨	2만명	부동산, 재개발 재건축 관련 강의
카페(정보)	부동산스터디	180만명	부동산 투자 관련 네이버 최대 카페
블로그	수현의 인사이트 (수현)		《부동산 투자, 흐름이 정답이다》 저자 전국 아파트 투자 흐름 강의
	시간으로부터의 자유(유나바머)		부동산 빅데이터 분석 투자 전국 아파트 투자 기초 강의
	투에이스의 부동산 절세 이야기(투에이스)		《부동산 절세의 기술》 저자 부동산 투자 세금 강의
	아기곰의 부동산 산책		《아기곰의 재테크 불변의 법칙》 외 다수 저자 부동산 투자 강의
	대치동 키즈의 또-엇		《내 집 없는 부자는 없다》 저자

07 부동산 공부, 오늘부터 1일! ② 독서

최소 열 권 이상 읽고 강의 듣기!

투자 기초 강의나 책을 보면 추천 도서 목록이 있다. 공통으로 나오는 책을 도서관에서 빌리거나 구매해서 읽어 보기를 추천한다. 최소한 기초 서적 열 권 이상은 읽어야 기본 준비가 된 것이다. 적지 않은 비용과 시간을 들여 수강하는 강의인데, 독서를 통해 기본 준비는 하고 듣는 것이 효율을 높일 수 있다. 필자가 추천하는 도서는 64쪽에서 확인할 수 있다.

투자 공부를 하기 전 취미란에 늘 '독서'라고 적었지만, 1년에 책 한두 권 제대로 읽기가 쉽지 않았다. 평일에는 회사 일, 주말에는 집안일 챙기느라 독서는 그저 사치에 불과하다고 생각했다. 성공한 사람들은 모두 책을 가까이했다고 해서 나도 그들이 추천한 책을 읽으려고 노력해 보았다. 하지만 내용이 머리에 잘 들어오지도 않았고, 이런 책들이 과연 성공에 어떤 영향을 주는지 이해되지 않았다.

독서는 시간을 따로 빼서 하는 것

지금은? 매일 5시 30분에 기상해서 독서한 지 햇수로 4년이 되었다. 처음에는 부지런히 도서관에서 책을 빌려서 읽었다. 그러다 강의와 임장, 투자로 바빠지면서 도저히 시간이 나지 않기도 하고 좋은 책은 소장하고 싶어졌다. 그래서 그 이후로는 거의 구매해서 보고 있다.

독서는 시간이 나면 하는 것이 아니라 시간을 일부러 내서 해야 한다. 하루 우선순위에 독서 시간을 정해 두고, 정해진 시간이 되면 해야 한다. 하루 30분 일찍 일어나 독서하기, 30분 일찍 출근해 독서하기, 점심시간 30분간 독서하기, 잠자기 전 30분간 독서하기, 이런 식으로 나의 생활 패턴에 맞게 시간과 방법을 정할 수 있다.

나는 목표를 일주일에 한 권, 한 달에 네 권으로 정하고 가급적 지키려고 했다. 이렇게 4년이면 200권 넘게 읽을 수 있을 수 있고, 시중에 나와 있는 웬만한 투자서와 부동산 투자 관련 서적은 모두 읽을 수 있다. 처음에는 자본주의와 투자에 대한 기본서, 그리고 본격적으로 투자 공부를 하면서는 투자 경험 실용서 위주로 많이 읽었다. 그리고 책에서 내가 벤치마킹할 부분들을 정리해서 나에게 적용하려고 노력했다. 지금은 자기 개발, 투자 대가들의 서적, 마인드 관리, 사회과학, 인문학 등으로 관심사를 넓혀 가고 있다. 아직 많이 부족하지만, 독서를 통해 지속적으로 새로운 지식을 얻고, 업그레이드하고, 저자의 통찰과 삶에 대한 지혜를 얻으며 나의 삶도 조금씩 더 풍요로워짐을 느낀다.

 Tip **초보자를 위한 필독서 리스트**

부동산 투자를 하지 않더라도 2040세대가 꼭 읽었으면 하는 추천 도서 리스트를 정리해 놓았다. 아래 도서들은 나도 소장하고 있고, 시간이 날 때마다 재독 삼독하는 책들이다.

분류	제목	저자	출판사
자본주의	EBS 다큐프라임 자본주의	정지은, 고희정	가나출판사
	부자 아빠 가난한 아빠	로버트 기요사키	황금가지
	보도 섀퍼의 돈	보도 섀퍼	에포케
	레버리지	롭 무어	다산북스
투자 일반	정해진 미래	조영태	북스톤
	투자에 대한 생각	하워드 막스	비즈니스맵
	신호와 소음	네이트 실버	더퀘스트
	부자의 언어	존 소포릭	월북
	돈, 뜨겁게 사랑하고 차갑게 다루어라	앙드레 코스톨라니	미래의 창
	지방도시 살생부	마강래	개마고원
부동산 투자	나는 부동산과 맞벌이한다	너바나	알키
	쏘쿨의 수도권 꼬마 아파트 천기누설	쏘쿨	국일증권경제연구소
	월급쟁이 부자로 은퇴하라	너나위	RHK
	부동산 투자의 정석	김원철	알키

분류	제목	저자	출판사
부동산 투자	전세가를 알면 부동산 투자가 보인다	이현철	매일경제신문사
	투에이스의 부동산 절세의 기술	김동우	지혜로
	강남에 집 사고 싶어요	오스틀로이드	진서원
자기 관리	아주 작은 반복의 힘	로버트 마우어	스몰빅라이프
	아주 작은 습관의 힘	제임스 클리어	비즈니스북스
	어떻게 원하는 것을 얻는가	스튜어트 다이아몬드	세계사
	데일 카네기 인간관계론	데일 카네기	베이직북스
	기브 앤 테이크	애덤 그랜트	생각연구소
	몰입	황농문	RHK
	문제는 무기력이다	박경숙	와이즈베리
	관계의 내공	유세미	비즈니스북스
	나는 내일을 기다리지 않는다	강수진	인플루엔셜
	슬로싱킹	황농문	위즈덤하우스
	마인드셋	캐롤 드웩	스몰빅라이프
	절제의 기술	스벤 브링크만	다산초당

08 부동산 공부, 오늘부터 1일! ③ 카페, 블로그, 오픈채팅방 활용

실시간 부동산 정보를 얻으려면?

몇몇 책들은 이미 출판된 지 몇 년이 지나 요즘 트렌드와는 맞지 않을 수 있다.(클래식은 영원하지만!) 또한 공식적인 출판물의 한계로 다소 내용이 두루뭉술하게 느껴질 수도 있다. 그리고 지난주, 어제 나온 부동산 대책에 대한 내용을 책으로 볼 수는 없다.

그럴 때는 카페나 블로그, 밴드, 오픈채팅방 등을 통해 실시간 데이터와 정보를 얻으면 좋을 것이다. 지금은 정보가 없어서 투자를 못 하는 시대가 아니다. 오히려 지나치게 넘쳐난다. 넘치는 데이터와 정보 속에서 진짜 나에게 필요한 것들을 찾아내고, 이를 투자에 활용하는 지혜가 필요하다.

▲ 왼쪽부터 네이버 밴드, 카카오 오픈채팅방, 네이버 카페 화면

미국의 유명 통계학자이자 '예측의 천재'라 불리는 네이트 실버는 저서《신호와 소음》에서 '정보는 맥락에 놓일 때만 비로소 지식이 된다. 맥락을 전제하지 않고서는 신호와 소음을 구분할 수 없다. (중략) 커다란 생각은 한 번에 만들어지지 않으며, 수많은 시행착오와 잘못된 예측을 통해 조금씩 전진할 뿐이다.'라고 했다. 그리고 덧붙여 '(통계와 확률에 근거하지 않고) 모든 것을 명쾌하고 확실하게 말하는 사람을 경계해야 한다.'고 했다.

데이터에 의미가 더해지면 정보가 된다.

(데이터 + 의미 = 정보)

정보에 가치가 더해지면 지식이 된다.

(정보 + 가치 = 지식)

지식에 실행을 더하면 지혜가 된다.

(지식 + 실행 = 지혜)

수많은 채널과 수많은 소음, 어떻게 구별할까?

부동산 공부 초반에는 '올해 부동산 전망', '하반기 부동산 전망'과 같은 전문가들의 특강이나 신문 기사들을 열심히 보았다. 결론이 궁금했다. '그래서 떨어지는 거야, 오르는 거야?' 그리고 오른다는 전망을 보면 빨리 아파트를 사야 할 것 같아 조급해지고, 떨어진다는 전망을 보면 우울해졌다. 종종 신문 기사에서 소위 부동산 전문가 열 명에게 하반기 부동산 가격이 오를 것인지 떨어질 것인지 물어보고 여섯 명은 떨어진다, 네 명은 오른다고 전망하면, 떨어진다고 예측한 전문가가 더 많기 때문에 떨어질 가능성이 높다고 전망한다.

지금은 부동산 전망에 대한 특강은 따로 듣지 않는다. 물론 전망에 대한 신문 기사는 챙겨 본다. 다만, 결론 자체보다는 그 결론을 도출한 과정과 이유, 내가 놓친 부분은 없는지, 잘못 생각한 부분은 없는지를 살펴본다. 그리고 충분한 데이터를 바탕으로 의미 있는 가치를 더해 지식을 전달하는 전문가를 발견하면 추가로 해당 전문가의 블로그나 기사, 그리고 저서를 찾아본다.

반면 대중이 듣고 싶어 하는 단편적이고 자극적인 주장을 하는 사람은 피한다. 이전의 예측이 얼마나 맞고 틀렸는지는 중요하지 않다.

이와 같이 지극히 상식선에서 통계와 확률, 맥락 안에서 데이터와 정보를 지식과 지혜로 재생산하는 사람들의 사고 과정을 따라 공부하다 보면 나도 어느새 생각의 힘을 기를 수 있다. 나는 이렇게 소음 속에서 신호를 찾아낸다.

 Tip **따로 또 함께! – 투자 메이트 만들기**

부부 투자자가 흔치 않은 이유

웬만한 의지의 소유자가 아니라면, 초반에 동료 없이 혼자 부동산 공부를 지속하기란 쉽지 않다.

가장 좋은 방법은 기혼이라면 배우자와, 미혼이라면 연인과 함께 공부하는 것이다. 부부가 같은 목표와 공감대를 가지고 함께 투자 공부를 하고 투자 활동을 한다면 이보다 더 좋을 수는 없다. 하지만 부부 투자자가 흔하지 않다는 것은, 역설적으로 이게 얼마나 어려운지를 말해 준다. 나도 처음에는 남편을 설득해서 같이 강의도 듣고 임장도 가자고 했다. 그러다 나까지 하지 말라고 할까 봐 지금은 혼자 하고 있다.

차선으로 친구, 동료와 부동산 공부

그다음은 기존의 친한 친구나 회사 동료를 부동산 스터디 메이트로 삼는 것이다. 하지만, 부동산 공부는 운동이나 취미를 같이 배우는 것 정도로 가볍게 접근하면 안 된다. 한 개인의 전 재산을 투자하는 것이고, 정치적 성향에 영향을 미칠 수도 있다. 공부를 하면서 마음이 잘 맞지 않는다면 기존의 좋은 관계까지 망칠 수 있으니 이 또한 잘 고민해 봐야 한다.

가장 흔하고 현실적인 방법은 강의를 들으면서 나와 성향과 여건이 비슷하고 마음이 잘 맞는 동료를 만나는 것이다. 너도 모르고 나도 모르지만, 그래도 다음 주말 임장 약속을 잡자. 혼자서만 나가겠다고, 임장보고서를 써보겠다고 달력에 적고 마음을 먹어도 하지 못할 이유가 100가지는 생긴다. 뭘 봐야 하는지 너도 모르고 나도 모르지만 그래도 나가서 보고, 당연히 틀리겠지만 의견을 나누고 나름 결론도 내어 보자. 나도 초반에 임장을 다니면서 동료들에게 이야기했던 내 의견들을 지금 생각하면 얼굴이 화끈거린다. 뭘 안다고 그런 말을 했을까.

부동산 공부를 처음 시작하면, 나보다 1년, 아니 6개월, 아니 한 달이라도 먼저 공부를 시작한 사람들이 그렇게 대단해 보인다. 투자 경험을 들으면, 불과 몇 달 전에는 가능했던 것이 지금은 안 된다는 사실에 좌절을 느끼고 지금은 너무 늦은 것은 아닌지 걱정되고 실망하게 된다. 그래서 나보다 조금이라도 더 경험이 있고 더 많이 아는 것 같은 사람에게 의지하고 정보를 얻고 싶고 투자를 따라 하고 싶은 욕심이 생긴다.

지금까지 공부하면서 내가 깨달은 것은, 부동산 공부와 투자에 있어 늦은 때란 없다. 시장은 항상 위기인 것 같지만 준비된 투자자에게는 기회를 주고, 나의 자금과 실력에 따라 투자할 수 있는 영역이 어느 정도 정해져 있다. 1년 차, 3년 차, 5년 차 투자자가 투자하고 경쟁하는 물건에는 차이가 있다. 나는 이제 막 시작한 초보인데 3년 차, 5년 차, 10년 차 투자자가 투자하는 물건의 정보를 얻어 나도 투자하겠다고 덤비는 것은 어리석은 짓이다. 반대로 그들이 한 투자를 나는 하지 못했다고 자책하는 것도 부질없다.

나의 여건에 맞게 시작하고, 동료들과 함께 정석대로 차근차근 단계를 밟아 공부하고 투자를 하다 보면 어느새 훌쩍 자란 자신과 자산을 만날 수 있을 것이다. 부동산 투자는 일단 시작하고 지속하는 것, 그 이상도 그 이하도 없다.

09 생각하는 힘을 키워 주는 부동산 대책 원문 읽기

전문가 요약 글을 보는 것보다 스스로 해석하는 게 중요

새로운 부동산 대책이 나오면(주로 국토교통부, 기획재정부 출처) 우선은 원문을 찾아 직접 읽는 것이 좋다. 물론 처음에는 무슨 이야기인지 도통알 수가 없다. 그러면 유튜브나 카페, 블로그 등에서 해석해 주는 정보를 찾아본다. 그렇게 내가 정확히 이해하지 못했던 내용을 이해하고, 해당 대책이 앞으로 시장에 미칠 영향도 예상해 본다. 그렇게 하고 나서 신문 기사들을 보면 아주 단편적인 내용을 확대 해석하거나, 정작 중요한 내용을 제외하고 자극적인 내용만을 기사화한 것들을 심심치 않게 찾아볼 수 있다.

처음부터 이를 구분하기란 쉽지 않고 내가 틀릴 수도 있다. 하지만

이 과정을 몇 번 거치다 보면 대책을 이해하고, 해석하고, 앞으로 시
장에 미칠 파장을 예측하고, 그로 인해 나의 투자 방향을 어떻게 수정
해야 할지 방향성을 잡을 수 있다.

국토교통부, 기획재정부 홈페
이지에서 뉴스·소식 메뉴 또는
메인 화면의 '보도자료'를 선택
하면 원문을 볼 수 있다.

사례 – 7.21 대책 원문 해독하기

2022년 7월 21일 기획재정부에서 2022년 세제개편안을 발표했다.
부동산 관련 세제뿐만 아니라 법인세, 근로소득세를 포함한 조세 전
체 내용을 망라하고 있으며 올해 8~9월 정기 국회에서 통과되면 2023
년부터 적용 예정이다. 전체 내용 중, 부동산 관련 법안에 대해서 살
펴보겠다. 변경 예정 내용을 살펴보고 이후에 확정된 내용을 체크하
면 정부의 방향성을 좀 더 명확하게 인지하는 데 도움이 된다.

2022년 세제개편안

2022. 7. 21.

기 획 재 정 부

▲ 2022년 세제개편안 원문 일부

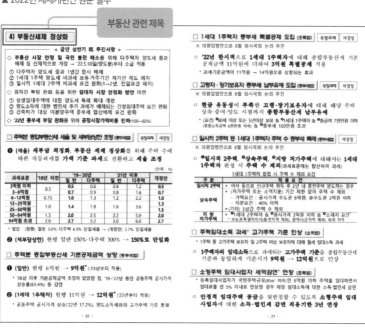

▲ 7.21 기획재정부 <2022년 세제개편안> 원문

부동산 관련 제목은 〈부동산세제 정상화〉이며, 종합부동산세(종부세) 세율 조정이 핵심이다. 과세표준 3억~6억원 기준으로, 2018년 이전까지 세율은 0.5%였다. 그리고 부동산 경기 과열로 인해 2019년에 일반과 다주택을 구분하여 각각 0.7%, 0.9%로 상향 조정하였으며, 그럼에도 시장이 안정되지 않자 2021년에 일반과 다주택 각각 0.8%, 1.6%로 큰 폭의 상승이 있었다. 다주택의 경우 공시지가* 상승과 공정시장가액비율** 상향을 고려하지 않더라도 2018년도보다 세 배 이상의 세금이 징수되는 것이다.

그리고 현재 2023년부터 적용 목표로, 일반과 다주택 구분을 없애고 단일 세율로, 2019년도 조정된 일반 세율 0.5% 수준으로 개정된 안을 내놓았다.

또한 기본 공제금액도 일반 6억원에서 9억원으로 상향, 1주택자의 경우 11억원에서 12억원으로 상향하였다. 다만, 2022년도에는 한시적으로 1주택자의 기본 공제금액은 현행 11억원에서 3억원 특별 공제를 적용하여 14억원 공제 안을 내놓았다.

이번 안에서는 언급되지 않았지만, 종부세 계산식을 보면 공정시장가액비율도 중요하다. 이 비율은 2009년부터 2018년까지 10년간 80%로 유지되었다가 2019년부터 매년 5%씩 상향하여 2019년 85%,

---

◆　　**공시지가** : 정부에서 조사, 평가하여 고시한 토지의 단위면적(㎡)당 가격을 말한다. 공시지가를 기준으로 국세와 지방세는 물론 각종 부담금을 산정한다.

◆◆　**공정시장가액비율** : 공시지가에서 과세표준을 정할 때 적용하는 비율. 80%라면 공시지가에서 20%를 뺀 가격을 기준으로 세금을 적용한다.

2020년 90%, 2021년 95%가 적용되었으며 2022년 100% 적용이 예정이었다. 그러나 이번 정부에서 2022년 적용 비율을 한시적으로 60%로 확정하였다. 시행령상 조정 가능 범위 60~100% 중 가장 낮은 비율을 적용한 것이다.

이로 인해 2022년 과세되는 종부세 세율은 조정되지 않았지만, 실제 납부 금액은 낮아지는 효과가 있다. 필자의 경우에도 공정시장가액비율이 조정되면서 과세표준구간도 한 단계 아래로 조정이 되고, 과세표준 금액도 하향 조정되어 실제로 종부세가 줄어드는 효과가 있었다.

그리고 2023년부터 적용으로 현재 논의되는 공정시장가액비율은 80%라고 한다. 또한 현재 다주택자에게 적용되는 취득세 12%에 대해서도 조정 논의가 있는 것으로 기사를 통해 확인할 수 있다. 〈부동산 세제 정상화〉 취지에 걸맞은 내용이라고 생각한다.

이렇듯 개편안의 목적과 취지, 방향성을 살펴보면 앞으로 나올 정책과 실현 가능성에 대해서도 어느 정도 예측이 가능하며, 이로 인해 내가 취해야 할 포지션도 생각해 볼 수 있다. 나도 이번 부동산 세제 개편안을 살펴보며, 내년 상반기에 세웠던 매도 계획을 수정하고 있다. 물론 무조건 나에게 유리한 방향으로 조정되는 것만을 고려하는 것은 아니다. 각 경우에 따른 플랜 A, B, C를 세워 두고 정부의 대책과 시장 상황을 함께 고려하여 의사 결정을 할 계획이다.

10

초보자가 알아야 할
세 가지 앱 활용법

(ft. 네이버 부동산, 호갱노노, 아실)

원 데이터 출처는 알아 두자

부동산 공부 초기 시절, 부동산 공부를 하러 왔는데 밤새 엑셀 공부를 한다고 푸념하는 동료들이 있었다. 지역과 아파트 단지를 분석하기 위해서는 함께 분석해야 하는 데이터가 있다. 너무 겁먹을 필요는 없다. 잘은 모르지만 주식 투자에 비해서는 아주 기초적인 데이터이고, 최근에는 웹사이트와 스마트폰 앱들이 워낙 잘 나와 있어 내가 직접 데이터를 찾아서 입력하고 그래프를 그리지 않아도 지역 분석이 가능하다.

하지만, 다른 사람의 자료에만 너무 의존하지는 말자. 이후에 앱이 자료를 더 이상 제공하지 않거나 유료로 전환하면 어떻게 될까? 이런 상황에 대비하기 위해서, 원 자료를 어디에서 확인하고 다운로드 받

을 수 있는지 출처는 알아 두는 것이 좋다.◆

부동산 투자에 가장 많이 활용하고, 유용한 앱들을 소개한다. 하나 하나의 앱에서 볼 수 있는 정보와 사용법만으로도 책을 한 권 쓸 수 있고, 같은 정보를 여러 앱에서 모두 제공하는 경우도 있다. 그리고 앱의 기능도 계속 진화하고 있다. 따라서 해당 앱의 가장 중요하고 유용한 내용들만 간략하게 소개한다. 시간을 조금 들여서 앱을 다운로드 받고, 기능들을 하나하나 눌러서 어떤 정보와 자료가 있는지 직접 확인해 보기를 권한다. 생각보다 많은 정보와 직관적인 사용 방법, 그리고 깔끔한 아웃풋에 놀랄 것이다.

1. 네이버 부동산
- 단지 대표 가격은 호가 기준

다른 앱들을 몰라도 네이버 부동산은 알 것이다. 가장 기본이 되는 사이트이자 앱이며, PC와 모바일 버전이 있다. 지역에 따라 약간의 차이가 있지만, 전국 대부분의 아파트 매물은 여기에서 볼 수 있다.◆◆ 단지의 대표 가격은 매물의 호가를 기준으로 한다.

현재 매매, 전세, 월세로 나와 있는 아파트의 실제 매물을 확인할 수 있으며 최근 실거래가, 아파트 평형·타입별 구조와 평면도도 확

◆ 원 데이터 출처에 대해서는 81쪽을 참고하자.

◆◆ 지역에 따라 네이버 부동산이 아니라 지역 플랫폼을 이용하는 곳이 있다. 해당 지역을 네이버에서 검색하고 매물이 없다고 오해하지 않도록 하자.

인할 수 있다. 재산세와 종부세의 기준이 되는 동호수별 공시가격도 확인할 수 있다.

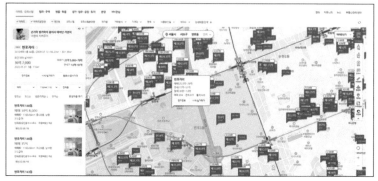

▲ 서울 서초구 반포동 아파트 가격 (출처 : 네이버 부동산 2022년 6월)

2. 호갱노노
- 실거래가 기준으로 표시

앱 이름부터 신박하다. 데이터 시각화를 잘해서 한눈에 보여 준다. 단, 매매가와 전세가는 가장 최근의 실거래가를 기준으로 하기 때문에 가격의 변동이 심한 시기에는 해당 가격의 매물을 찾기 어려울 수도 있다.

분석항목에서 인구 이동, 지역별 공급현황, 자가용출근시간분석, 학원가, 분위지도 등이 특히 실용적이다. 단지를 선택하면 '이야기_실입주민의 의견'을 볼 수 있는데 실거주민들이 이야기하는, 외부인은 알기 어려운 단지의 장단점을 확인할 수 있다.

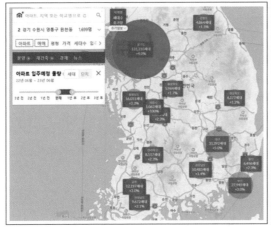

▲ 전국 시도별 아파트 입주 물량 (출처 : 호갱노노 2022년 6월)

실거주민 이야기도 유용

3. 아파트실거래가(아실)
- 아파트 비교에 유용

아실은 최근 가장 많이 사용하는 앱이다. 기본적인 정보 확인으로
도 좋지만, 필요한 자료를 비교하고 분석하는 툴로 많이 사용한다.

중학교 학업성취도 자료도 잘 되어 있고, 지역별 아파트 공급 물량,
미분양 아파트 자료도 활용도가 높다. 처음 분석하는 지역에서, 지역
별 최고가 아파트 순위는 지역을 파악하는 데에 큰 도움이 된다.

다음 페이지와 같이 현재 서울 강남구의 31~35평형 아파트에서
1~5위는 압구정 현대 아파트가 35억원 이상으로 거래되었고, 6위는
2021년 입주한 래미안클래시 아파트가 약 34억원에 거래된 것을 확인
할 수 있다.

분양　　아파트　　최고가 APT　✕

🔍 아파트명을 검색해보세요.

서울시	경기도	부산시
대구시	인천시	광주시
대전시	울산시	세종시
강원도	충청북도	충청남도
전라북도	전라남도	경상북도
경상남도	제주도	

부동산 스터디　　● ○ ○

매물증감　　합이 산 아파트　　최고가 아파트

여러아파트 가격비교　　부동산 빅데이터　　갭 투자 증가지역

회사소개 | 개인정보취급방침 | 법다온로고
본사 서울 성동구 연무장15길 11, 6층 근문 스마트플러스 258호 연구소 대구
일서구 문산보로 21, 707호용산병, 법조빌딩 이메일 asl2018@naver.com

최고가 순위　　출처: 국토부 실거래 분석
지역 최고가 아파트가 보통 지역시세를 견인합니다.

서울 ▾	강남구 ▾	읍/면/동 ▾
매매 ▾	최고가 순위 ▾	31평 ~ 35평 ▾
22년 ▾ 1월 ▾ 1일 ▾	~	22년 ▾ 6월 ▾ 27일 ▾

1위　**현대5차** 1977 입주　　41억
서울 강남구 압구정동 · 22년4월 · 34평 · 10층

2위　**한양7차** 1981 입주　　39억8천만
서울 강남구 압구정동 · 22년5월 · 34평 · 10층

3위　**현대8차** 1981 입주　　38억7천만
서울 강남구 압구정동 · 22년4월 · 34평 · 7층

4위　**한양4차** 1978 입주　　37억
서울 강남구 압구정동 · 22년4월 · 32평 · 9층

5위　**현대3차** 1976 입주　　36억
서울 강남구 압구정동 · 22년5월 · 32평 · 5층

6위　**레미안라클래시** 2021 입주　　33억9,983만
서울 강남구 삼성동 · 22년2월 · 34평 · 3층

7위　**레미안대치팰리스1,2단지** 2015 입주　　33억
서울 강남구 대치동 · 22년4월 · 34평 · 14층

8위　**청담린든그로브** 2017 입주　　33억
서울 강남구 청담동 · 22년4월 · 34평 · 5층

9위　**개포우성1차** 1983 입주　　32억3천만
서울 강남구 대치동 · 22년5월 · 31평 · 14층

▲ 서울시 강남구 최고가 거래 아파트 순위(31~35평형) (출처 : 아실 2022년 1~6월)

지역별로 최고가 거래 아파트 순위를 확인할 수 있다.

Tip 부동산 관련 원 데이터 출처

부동산 관련 데이터를 확인할 수 있는 사이트들을 소개한다. 대표적으로 국가통계포털 사이트가 있으며 이 외에도 다양한 국가 통계자료들이 있다. 처음에는 다소 방대한 데이터 양에 놀랄 수 있으나 기간, 항목 등 내가 원하는 자료만 선택하여 엑셀로 다운로드 받을 수 있다.

또한 각 지역의 시청 홈페이지에서도 해당 자료들을 엑셀 파일로 제공하고 있으니, 내가 조사하는 시도의 홈페이지에서 해당 자료만 다운로드 받아 활용하는 것도 좋다.

---

1 │ 인구 관련

- 인구수 : 행정안전부(jumin.mois.go.kr)-[정책자료]-[통계]-[주민등록 인구 통계]
- 인구이동 : 국가통계포털(kosis.kr)-[온라인간행물]-[인구]

2 │ 직장 관련

- 전국 사업체 현황 : 국가통계포털(kosis.kr)-[온라인간행물]-[주제별]-[경제일반·경기/기업경영]
- 산업단지 현황 : 한국산업단지공단(www.kicox.or.kr)-[정보공개]-[산업단지정보]-[산업단지통계]-[전국산업단지현황통계]
- 소득 현황 : 국세통계포털(tasis.nts.go.kr)-[04 원천세]-[4-2 근로소득 연말정산 신고 현황]

3 │ 아파트 공급 및 미분양 현황

국토교통부 통계누리(stat.molit.go.kr)-[분야별 통계]-[주택] 또는 각 지자체 홈페이지에서 엑셀 파일로 공개

4 │ 시세 관련

KB부동산(kbland.kr)-[메뉴]-[KB통계]-주간통계, 월간통계

11 등기부등본 열람으로 이집 저집 구경하기

집 주소만 알면 매매가와
대출금액 확인 가능!

혹시 지난달에 집을 산 내 친구, 혹은 옆자리 회사 동료가 얼마에 샀고 대출을 얼마를 받았는지 궁금했던 적이 있는가? 집 주소만 알면 누구든지 확인할 수 있다.

그런 개인 정보를 알 수 있다고? 나도 부동산 공부를 하기 전까지는 몰랐다. 인터넷 창에 '등기부등본'을 검색하면 '대법원 인터넷등기소'로 연결된다. 물론 무료는 아니다.(열람은 700원, 발급은 1,000원)

부동산 거래 전에 꼭 등기부등본을 뽑아 보라는 이야기는 들어 봤을 것이다. 무엇을 봐야 할까? 등기부등본에는 어떤 정보가 있을까?

먼저 등기부등본은 부동산에 관한 권리관계와 현황을 볼 수 있는 등기부에 기재되어 있는 공적장부이다. 주소, 면적, 소유권 등의 현황을 확인할 수 있고 그 외 저당권, 가압류 등 권리 설정 여부를 확인할 수 있다. 참고로 2011년 4월 관련 법률 상에서 등기사항증명서로 명칭이 개정되었으나, 실무에서는 여전히 등기부등본으로 통칭되고 있다. (등기부등본 = 등기사항증명서)

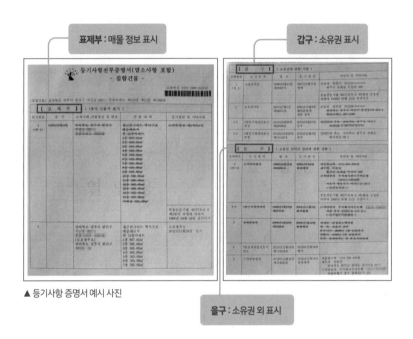

▲ 등기사항 증명서 예시 사진

표제부 – 매물 정보 표시

먼저 표제부에서는 해당 매물에 대한 정보를 확인할 수 있다. 정확한 주소와 면적, 등기상 전용면적과 대지권 비율 등도 확인할 수 있다.

갑구 – 소유권 표시, 계약 시 주민번호 대조 필수

갑구는 소유권에 대한 사항이다. 즉, 이 집을 소유하고 있는 집주인이 누구인지 볼 수 있다. 내가 매수한 이 집의 매도자는 2011년에 이 집을 상속 받았음을 알 수 있다. 계약시 등기부등본에 적힌 현재 소유주의 이름과 주민번호와 매도자의 신분증 상의 정보가 정확히 일치하는지 꼼꼼하게 확인해야 한다.

을구 – 소유권 외 표시, 근저당, 전세권, 가압류 등

을구는 소유권을 제외한 다른 권리를 볼 수 있다. 근저당권(채권최고액, 대출액)▲을 볼 수 있고, 전세권 설정, 가압류 등의 권리가 표시된다. 전세권의 사전적 의미는 '전세권을 지불한 사람이 남의 부동산을 이용할 수 있는 권리'로, 보통 전세 계약만 하면 등기부등본상에 등록되지는 않는다. 세입자 입장에서는 계약서 외에 세입자의 권리를 주장할 근거가 없어 불안하다고 생각할 수도 있다. 이럴 때, 전세입자가 얼마의 보증금으로 언제 계약을 했는지 등기부등본상에 이렇게 기록으로 남길 수 있다.(비용 발생) 이 집의 매도자의 경우, 상속을 받아 전세를 주다가 2013년에 대출을 받아 거주를 시작했음을 알 수 있다. 상속이 아니라 매수를 했다면, 얼마에 매수했는지도 기록된다.

보통 매도자가 실거주하고 있는 아파트라면, 근저당권이 있다. 이

◆　등기부등본 근저당권 금액은 금융권의 경우 실제 대출금액의 130%로 설정된다.

릴 경우 대출금이 현재 얼마 남았는지 확인하고, 계약금과 중도금 전체 금액이 '거래 금액 - 대출액'보다 크지 않도록 계약서를 작성한다.

계약 시 근저당권 체크 사항

예를 들어 거래 금액이 3억원이고 대출이 1억 5,000만원이 있다면, 계약금 3,000만원에 중도금을 요구할 경우 중도금이 1억 2,000만원이 넘지 않는 선에서 조정하는 것이 좋다. 그리고 계약서에 소유권 이전 시 근저당 말소 조건을 넣고, 잔금 날 말소 여부를 꼭 확인한다. 중개사와 법무사가 잘 진행해 주지만, 그래도 최종 확인은 매수자의 의무이자 책임이다.

가압류, 가등기가 있다면
초보자는 패스

만약 가압류, 가등기*와 같은 제한물권이 있다면, 초보자는 거래를 피하는 것이 좋다. 이런 제한이 있는 물건은 많은 사람들이 거래를 꺼리기 때문에 의외로 어렵지 않게 해결하면서 낮은 가격으로 매수할 기회를 얻을 수도 있다. 하지만 내가 풍부한 경험을 가지고 주도해서 문제를 해결할 수준이 아니라면, 일단은 피하는 것이 좋다.

◆ **가압류** : 해당 부동산을 압류하고 강제집행할 수 있다는 의미. 채무자가 돈을 빌린 후 마음대로 자산을 처리할 수 없게 만든 조치.

가등기 : 해당 부동산을 소유할 수도 있다고 미리 알리는 것이다.

12

매주 금요일은
부동산 시장조사 하는 날

(ft. KB 주간 월간 시계열 자료)

KB부동산 사이트에서 엑셀 파일로 제공

많은 부동산 투자자들이 매주 금요일에 하는 루틴이 있다. 바로
KB 주간 월간 시계열 자료 확인이다. 지역별 아파트의 매매가, 전세

▲ KB부동산 사이트(kbland.kr)의 KB 통계 자료

가의 지수와 가격 변동을 비교하고 시장 상황을 확인하는 것이다. KB 부동산 사이트에서 주간 월간 시계열 엑셀 파일을 다운로드 받을 수 있다. 매주 금요일 오전에 업데이트된다.

전국 매매·전세가 추이를 한눈에!

'월간통계' 옆에 있는 '주간통계' 항목을 선택하면 아래와 같이 지난 한 주간 매매 가격 전세 가격 상승 · 하락 상위 지역을 그래프로 확인할 수 있다.

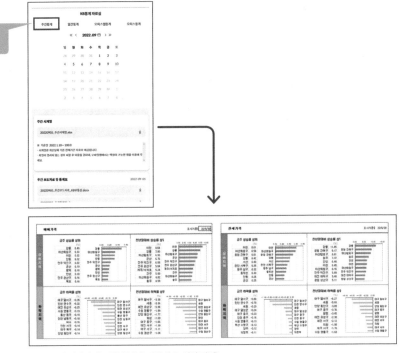

▲ KB 주간 시계열 자료 일부(매매, 전세 상승·하락 지역)

그리고 매매증감, 전세증감 시트에서 지역별 주간 가격 증감을 확인할 수 있다. 증감 자료는 한두 주의 데이터로는 크게 의미가 없지만, 몇 달, 몇 년간의 증감 데이터가 누적되면 추세가 되고 흐름이 된다. 붉은색이 진할수록 상승 폭이 크고, 파란색이 진할수록 하락 폭이 크다. 같은 시기에도 지역별로 흐름이 다르며, 작은 상승 후에 큰 상승이, 작은 하락 후에 큰 하락이 온다. 부동산 가격의 상승과 하락도 추세와 사이클이 있다.

2021-02-01	0.46	0.40	0.46	0.39	0.20	0.70	0.53	0.47	0.51	0.16	0.44	0.17	0.29	0.28	0.07	0.90	0.52	0.35	0.30
2021-02-15	0.51	0.42	0.47	0.23	0.31	0.72	0.37	1.01	0.68	0.37	0.41	0.19	0.19	0.18	0.05	0.40	0.32	0.38	0.37
2021-02-22	0.48	0.38	0.45	0.38	0.09	0.64	0.46	0.78	0.60	0.15	0.38	0.24	0.36	0.36	0.05	0.21	0.45	0.32	0.27
2021-03-01	0.46	0.34	0.38	0.37	0.17	0.53	0.52	0.18	0.18	0.34	0.42	0.51	0.64	0.21	0.05	0.09	0.28	0.30	0.15
2021-03-08	0.40	0.32	0.43	0.21	0.18	0.64	0.79	0.33	0.79	0.13	0.07	0.59	0.20	0.06	0.02	0.06	0.28	0.22	0.27
2021-03-15	0.38	0.28	0.36	0.44	0.12	0.32	0.84	0.18	0.41	0.41	0.10	0.43	0.29	0.41	0.02	0.19	0.30	0.22	0.15
2021-03-22	0.40	0.24	0.28	0.29	0.14	0.25	0.48	0.29	0.34	0.44	0.19	0.25	0.31	0.09	0.00	0.37	0.30	0.21	0.19
2021-03-29	0.38	0.20	0.22	0.06	0.02	0.31	0.18	0.03	0.18	0.15	0.15	0.33	0.50	0.11	0.32	0.25	0.25	0.19	0.05

▲ 다운 받은 엑셀 시트 하단의 '매매증감' '전세증감' 시트를 선택해서 매매·전세 증감을 확인할 수 있다.

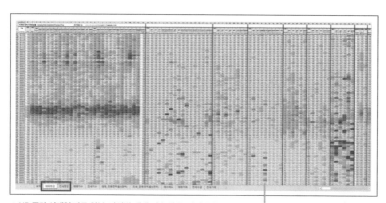

▲ KB 주간 시계열 자료 일부. 지역별 매매 지수 상승, 하락 흐름

붉을수록 상승폭↑
푸를수록 하락폭↓

그 외에도 부동산 지인에서 지역별 시장 강도 데이터와 KB 시계열 자료를 그래프화하여 보여 주는 아실의 매수 심리 등을 확인하면 현재 지역별 부동산 시장 현황을 좀 더 빠르고 정확하게 확인할 수 있다.

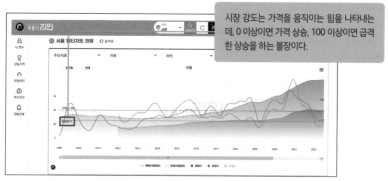

시장 강도는 가격을 움직이는 힘을 나타내는데, 0 이상이면 가격 상승, 100 이상이면 급격한 상승을 하는 불장이다.

▲ 부동산 지인 서울 시장 강도, 매매가 전세가 그래프 예시

▲ 아실의 매수심리 그래프 예시

13 내가 사는 동네부터 둘러보자

(ft. 안양 만안구 석수동 아파트)

나를 찾아다니는
해외여행은 이제 그만?

내가 부동산 투자를 한다고 이야기하면 가장 먼저 받는 질문이 있다. '어디가 좋아?' 무엇을 물어보는 건지 알지만, 이런 질문을 받으면 어디서부터 어디까지 이야기를 해야 할지 막막하다.

나도 처음 부동산 공부를 시작할 때, 지금 투자하기 가장 좋은 곳이 궁금했고 당장 가보고 싶었다. 하지만, 앞에서 이야기한 내 친구가 직접 투자하고 아파트 단지까지 찍어 줬지만 내가 공부하지 않고는 투자할 수 없었다. 지금 부동산 투자에 관심을 가지기 시작했다면, 현재 투자하기 좋은 지역에 너무 매몰될 필요는 없다. 우선 내가 살고 있는 지역, 내 직장이 있는 지역부터 관심을 가지고 둘러보는 것이 좋다.

부동산 기초 강의를 들으면서, 우리 아파트 주변을 둘러보고 깜짝 놀랐다. 길 건너 지역에 어느새 아파트 단지가 많이 들어와 있었다. 그리고 우리 집에서 멀지 않은 곳에 초대형 단지가 떠들썩하게 들어와 지역의 랜드마크 아파트가 되어 있었다. 회사와 집만 오가느라 아파트 단지를 분양하는지도, 건축하는지도 몰랐던 것이다. 회사 주변을 둘러보고는 더 놀랐다. 회사 맞은편은 강남의 우성 아파트 단지가 있어 버스 정류장 이름도 '우성 아파트 사거리'인데, 그 낡은 우성 아파트가 어느새 휘황찬란하게 래미안 아파트로 바뀌어 있었다. 편도 한 시간씩 걸리는 출퇴근 길이 힘들다고 불평하면서도 직주근접에 훌륭한 투자처가 되어 줄 아파트가 눈앞에서 분양을 하고 건축을 하고 있는데, 나는 까막눈처럼 아무것도 몰랐다.

1년간 헤맸지만
결국 예전 살던 곳에 투자

예술 작품만 아는 만큼 보이는 것이 아니다. 내가 무심히 지나치는 아파트, 상가, 오피스텔이 지금도 누군가에게는 황금알을 낳아 주는 거위가 되고 있다. 유망한 투자처를 찾아다니기보다 내가 살고 있는 지역, 내가 매일 가는 지역의 아파트 시세부터 알아보자. 시세 차이가 나면 왜 나는지, 어떤 단지 가격이 왜 더 먼저, 더 많이 상승하는지 비교해 보고, 물어 보고, 고민해 보자. 그리고 옆 동네, 옆 동, 지역구, 시로 범위를 넓혀 보자. 그러면 여행을 온 듯 일상에서 새로움을 발견할 수 있을 것이다.

이제 나를 찾아 해외는 그만 가고,(나도 많이 가봤지만 거기에 나는 없었다. 내가 뿌리 내리지 않은 곳에 내가 있을 리가 없다.) 매일 여행하듯 내 주변 동네부터 설레는 마음으로 다녀보자. 99쪽에서 더 자세히 살펴보겠지만 유망한 투자처를 찾아 1년간 수도권과 지방 곳곳을 임장하고 결국 내가 선택한 첫 번째 투자처는 나의 첫 번째 신혼집이 있었던 아파트 단지였다. 지금 나에게 가장 좋은 투자처는 내가 가장 잘 아는 지역이다.

비슷한 연식이어서 입지 비교 용이

그러면 본격적으로 우리 동네를 살펴보자. 앞에서 살펴본 앱을 활용하여 우리 아파트 시세는 물론 우리 아파트보다 더 좋다는 옆 단지 시세도 확인해 보자.

오늘 가볼 지역의 지도를 출력하고 아파트 가격도 적어 보자. 가격이 많이 급등한 지역이라면, 급등 전인 2018년도 가격도 확인해서 함께 적어 보자. 단지별로 가격 변동에 차이가 있을 것이다.

왜 어떤 아파트는 더 많이 오르고, 어떤 아파트는 상대적으로 덜 올랐을까? 다음은 내가 살았던 안양 만안구 석수동의 지도이다. 이 지역의 분석이 쉬운 이유는 아파트 단지들의 연식이 거의 비슷하기 때문이다. 연식 이외의 다른 입지만으로 가격 분석이 가능하다. 이렇게 아파트 가격 분석을 할 때, 적어도 한 가지 이상 조건을 통일하면 비교가 용이하다.

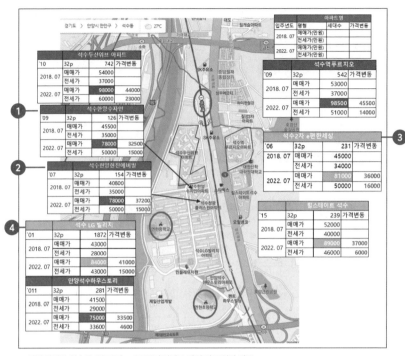

▲ 안양 만안구 석수동 2018년 vs 2022년 아파트 가격 비교 임장 지도

❶석수한양수자인(2009)과 ❷석수한양현진에버빌(2007)은 연식과 위치(초·중·고등학교와의 접근성)가 더 좋지만 세대수가 적고 브랜드 인지도 면에서 ❸석수2차e편한세상보다 선호도가 낮다고 생각한다.

❹석수LG빌리지 아파트는 2001년식으로 연식은 떨어지지만, 대단지에 용적률◆이 184%로 낮아 쾌적하고 이후 재건축 또는 리모델링에 대한 기대감으로 연식 대비 선호도가 높다. 근린상가, 초·중학교

◆ **용적률** : 대지 면적에 대한 지상 건축물의 연면적(층별 바닥 면적의 합)비율을 말한다. 도심의 경우 용적률이 낮을수록 재건축 기대감으로 인기가 높다.

와 접근성도 좋다. 이렇게 입지와 가격을 같이 비교해 보면 사람들이 어떤 아파트를 더 선호하는지, 어떤 아파트의 입지가 더 좋다고 판단할 수 있는지, 어떤 아파트의 가격이 더 많이 오르는지 감을 잡을 수 있다.

임장 동선을 미리 그려 보자

'손품'을 통해 아파트 시세와 장단점을 파악했다면 이제는 '발품'을 팔 시간이다. 미리 동선을 짜서, 그 동선을 따라 임장을 해야 중간에 그냥 집에 오고 싶은 유혹을 조금이라도 줄일 수 있다. 임장을 하면서 주변에 어떤 학교가 있는지, 학원가가 있는지, 어떤 상가가 있는지, 역까지 가는 도보 길은 어떤지 살펴보고, 비싼 단지는 왜 더 비싼지, 이사한다면 어느 단지에 살고 싶은지 생각하면서 입지와 가격에 대한 감을 길러 보자.

이제 와서 이야기지만 2014년 집을 매수할 당시, 자차를 이용하여 출퇴근을 했던 나는 비슷한 연식에 가격이 조금이라도 더 저렴한, 역에서 먼 아파트를 매수하자고 했었다. 그런데 뚜벅이라 역에서 1m라도 더 가까워야 하는 남편의 고집으로 역 바로 앞의 단지를 선택했다. 그리고 그 선택은 옳았다. 그 이유는 많은 사람들이 우리와 같은 선택을 하기 때문이다. 누구나 가격이 더 많이 오를 아파트를 사고 싶어한다. 그렇다면 선택지들 중 현재 가장 가격이 높은 아파트를 선택하면 실패 확률이 낮다. (한 지역 내에서)

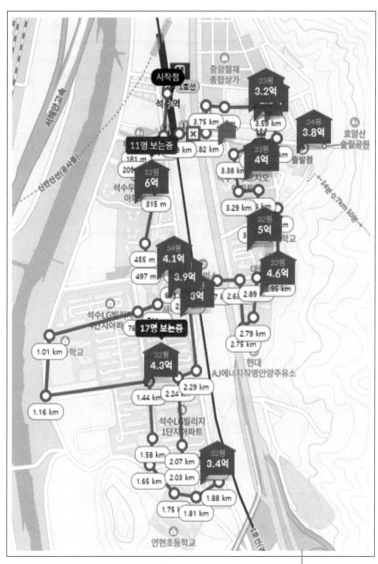

▲ 석수동 임장 동선 지도(호갱노노 앱 지도 활용)

손품, 발품을 통해 임장보고서를 쓰다 보면 나도 모르게 투자 실력이 올라간다. 임장보고서 작성법은 <넷째마당> 참고

셋째
마당

임장보고서의 힘!
- 3년 만에
50억,
수익률 340%

14 공급 부족인데 가격이 싸네? 부천 첫 투자 결심!

(ft. 3,500만원 투자, 2년 후 500% 수익률)

천지개벽 대구, 결론은? 모르겠다!

2019년 3월, 경기도에서 서울로 실거주 아파트 이사를 마무리하고 현금 '0원'에서 투자금을 모으며 지역 공부를 시작했다. 수도권 지역은 이미 가격이 많이 상승했다고 생각하고 지방 임장을 다니기 시작했다. 매주 주말이면 1박 2일 또는 2박 3일 일정으로 임장하는 지방에서 살다시피 했다.

첫 임장 지역은 나의 홈타운 대구였다. 대구 달서구. '달서구에 아파트가 있다고?' 나는 초등학교 1~3학년 때까지 달서구에 살았다. 그때의 어렴풋한 기억을 가지고 간 달서구는 내 기억 속의 달서구가 아니었다.

'와 진짜 천지가 개벽했구나!' 그리고 수도권 아파트 가격에 익숙해 있던 나에게 대구 달서구 아파트의 가격은 싼지 비싼지 판단이 되지 않았다. 그렇게 대구의 수성구, 북구, 다른 구까지 둘러보고, 이어서 광주까지 임장을 마쳤다. 결론은 '모르겠다.'

난생처음 가보는 지역을 며칠 만에 분석하는 것도, 그 넓은 지역과 아파트를 모두 둘러보는 것도, 처음 보는 지역의 아파트가 좋은지, 가격이 싼지 비싼지 판단하는 것도, 그리고 어느 아파트가 투자로 더 좋은지 비교하는 것도 투자 초보자에게는 너무 어려웠다.

토요일 풀(full)임장을 하고 임장보고서를 쓰고, 일요일 새벽에 다시 임장을 가기 위해 일어나 세수를 하다가 고3 때나 흘렸던 코피를 쏟은 적도 있다. 내가 수험생과 같은 생활을 다시 하게 될 줄이야….

돌고 돌아 신혼 초 살던 부천으로

고생은 고생대로 하고 정작 투자는 하지 못한 나는, 정말 수도권은 더 이상 투자할 곳이 없는지 다시 찾아보았다. 그렇게 눈에 들어온 단지는 바로 바로, 애증의 첫 신혼집인 부천의 상동! 지방까지 보고 와서 다시 보니 매매가가 너무 싸다는 생각이 들었다.

"자기야, 나 상동 반달마을 투자하려고."

"1년 동안 지방까지 다니면서 시간 쓰고 돈 쓰고는 결국 거기야?"

별 의미 없이 한 남편의 말에 자존심이 상했다. 하지만, 지금 나의 투자 수준이 여기까지인 것을 인정해야 했다.

부천은 7호선과 1호선을 기준으로 1~4급지로 간단하게 나눌 수 있다. 당연히 1급지에 투자하고 싶었지만, 아무리 뒤져도 내 투자 기준에 맞는 단지를 찾을 수 없었다. 그래서 4급지에서 가장 역세권인 아파트부터 찾기 시작했다.

그렇게 우리가 살았던 단지 옆 동에서 매매가 2억 4,500만원, 전세 임차인 보증금이 2억 500만원 들어 있는, 기본 수리를 한 매물을 찾을 수 있었다. 나는 끝까지 동의하지 않았지만, 누가 봐도 부동산 카페에서 공부하다 처음 투자하러 온 티가 팍팍 나는 초보 투자자를 위해 베테랑 부동산 중개사는 매도자를 설득하여 500만원을 깎아주었다. 그렇게 나는 매수금액 2억 4,000만원, 보증금 제외한 실투자금 3,500만원으로 내 인생 첫 부동산 투자를 할 수 있었다. 실거주 집 마련을 위한 아파트 매수 때와는 또 다른 설렘과 벅참이 있었다.

매도자도 근처에 거주하는 젊은 투자자였다. 이미 전세가 끼어 있고 아직 계약 기간이 8개월 정도 남아 있던 터라 매수 과정은 일사천리로 진행되었다. 매수 결정 후, 가계약금을 보내고, 며칠 뒤 만나서 계약서 작성하고 계약금을 치르고, 1주일 뒤에 남은 잔금(매수금액과 전세금의 차액금)을 치르고 등기 접수하면서 첫 번째 투자는 마무리되었다.

공급 부족으로 전세가율 상승, 2년 만에 투자금 회수, 수익률 500% 육박!

옆의 그래프에서 보면, 2015년부터 2020년까지 꿈쩍도 하지 않던 매매가는 2022년 상반기 현재 실거래가 4억원을 넘겼다. 전세금도 상승세였다. 2021년 10월 기존 임차인이 새 아파트 입주를 하면서 새로운 임차인을 구하게 되었다. 당시 부천 전체적으로 전세 물량이 부족했고, 결혼을 앞둔 예비 신혼부부에게 기존 전세가보다 9,000만원 높은 금액으로 어렵지 않게 전세 계약을 할 수 있었다.

이 물건은 현재 전세금이 나의 매수 금액보다 높아져 매도하지 않고도 투자금 회수뿐만 아니라 수익을 실현하였다.

▲ 부천 상동 반달마을 건영아파트 (출처 : 호갱노노 2022년 6월)

2020년까지 정체 상태였던 매매가가 급등하기 시작

15

조정대상지역 평촌? 투자 못할 이유는 없었다!

(ft. 5,200만원 투자, 2년 후 630% 수익률)

평촌, 매매가 대비 전세가는 낮아 투자에 부담

부동산 입지에 대해 공부하면서 용인시 수지구와 평촌(안양시 동안구)은 입지가 상당히 좋은 지역임을 알게 되었다. 나보다 1~2년 먼저 투자 공부를 시작한 선배들은 수지와 평촌에 한두 건의 투자는 모두 진행한 것 같았다.

'아, 나도 조금만 더 일찍 시작했더라면….'

수지구와 평촌은 대규모 입주에도 불구하고 이미 매매가가 많이 상승하였고, 그에 비해 전세가는 높지 않아 투자금이 많이 들어가서 나의 투자 기준에 들어오지 않았다. 더구나 평촌은 다른 수도권 지역보다도 이른 시점에 조정대상지역으로 지정되어 투자자들에게 외면을 받고 있었다. 조정대상지역 아파트를 매수하는 것과 비조정지역의 아파트를 매수하는 것에 어떤 차이가 있는지 비교해 보니 조정대상지역이라고 투자를 하지 못할 이유가 없었다.(조정대상지역 아파트를 매수할 경우, 2년 비거주시 양도세 비과세 불가이나, 나는 어차피 다주택을 목표로 하고 있어 양도세 비과세 여부는 해당 사항이 없었다.)

역시 우려 사항은 막연하게 걱정하거나 외면하기보다 정확하게 확인하는 것이 필요함을 배울 수 있었다. 하지만, 이후 대책에서 조정대상지역 아파트 매도 시 양도세 중과가 최대 30%까지 부과되었다. 조정대상지역 아파트 매도 시 세금에 대해서는 108쪽에서 자세히 살펴보겠다.

그렇게 주요 지역과 역세권에서 조금씩 멀어지는 지역까지 조사하면서 투자 기준에 적합한 단지를 찾았다. 평촌 남부에서 가장 선호도가 떨어진다는 무궁화 마을.

지금도 기억한다. 때는 2019년 12월 24일, 밤늦도록 네이버 매물을 뒤져서 적당한 매물 몇 개를 찾을 수 있었다. 당시 남편은 회사 동료들과 밤새 크리스마스 파티를 하고 있었다. 나도 드디어 평촌에 아파트를 살 수 있다는 설렘으로 거의 뜬눈으로 밤을 새웠다. 다음 날 오전 9시까지 기다리지도 못하고, 오전 8시가 되자마자 매물을 내놓은 중개소에 문의 문자를 보냈다.

'안녕하세요? 네이버 매물 보고 연락 드립니다. 매물번호 [000000000] 거래 가능하면 혹시 오늘 집 볼 수 있는지 문의 드립니다.'

크리스마스라 집주인이 집에 없거나, 영업을 하지 않는 중개소도 있었지만, 몇 군데 예약을 할 수 있었다. 다행히 내 마음속에 1번 매물도 예약이 되었다. 그리고 남편에게 전화를 했다.

"집 사러 가자."
"뭐? 갑자기 무슨 집? 어디?"
"평촌!"

부천 투자를 반대하지는 않았지만 크게 탐탁해 하지도 않았던, 그리고 부동산 소액 투자에 대해서 그때까지도 반신반의했던 남편은 평촌이라는 말에 두말도 하지 않고 따라나섰다. 그렇게 크리스마스 연휴 동안 꼬박 매달려 결국 매매 가격 3억 1,700만원(100만원 깎았다), 전체 특올수리(1,800만원), 전세 가격 2억 8,300만원(200만원 깎아 줬다)을 끼고 두 번째 투자를 진행할 수 있었다.

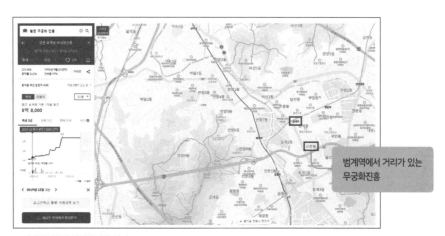

▲ 범계역 남쪽에 위치한 평촌 아파트

쉽지 않은 두 번째 투자,
세입자 못 맞추고 잔금 치른 상황

손 안 대고 코 풀었던 첫 번째 투자와 달리, 두 번째 투자는 부동산 투자 초보로 많은 경험을 할 수 있었다.(달리 말하면 엄청 고생을 했다.) 새시까지 교체하는 특올수리에, 처음에 내놓았던 야망 전세금 3억원에서 세 번의 조정을 거쳐 잔금 날짜를 넘겨 겨우 세입자를 맞출 수 있었다.

연세가 있어서 경험이 풍부한 줄 알았던 거래 중개사는, 퇴직 후 이제 막 중개 일을 시작했고, 매수 계약 후 전세를 맞추는 데에는 크게 관심이 없는 듯했다. 그래서 내 집을 팔았던 때와 같이, 내가 수리하려는 이미지 사진을 준비해서 주변 중개소에 모두 전화하고 시간이 나는 대로 찾아가서 설명하고 전세 매물을 내놓았다.

잔금일 전에 공사를 끝내고 세입자 입주를 마무리하려고 했다. 하지만 그 기간 안에 전세 세입자를 맞추지 못했고 결국 잔금을 치르게 되었다. 잔금을 치르는 데 있어 만약을 위해 만들어 두었던 마이너스 통장이 큰 힘이 되었다.

여담이지만, 평촌 아파트를 수리하고 전세를 놓던 2020년 1월은 경상남도 창원시를 임장하고 있었다. 창원시 마포 회원구에서 정말 투자하고 싶은 단지를 찾았고, 나의 진심을 알아준 중개사가 좋은 매물이 나올 때마다 연락을 주었다. 그리고 전세가가 3억원에 맞춰진 매매가 3억 3,000만원 매물이 나오자 나에게 가장 먼저 연락을 주었다.

그런데 아직 평촌 아파트 전세가 맞춰지지 않았고 잔금이 얼마 남지 않은 상황에서, 창원 아파트에 투자를 하게 되면 잔금이 부족한 상황이었다. 지금이었다면 어떻게든 방법을 찾았을 것이다. 하지만 그때나는 돈을 버는 것보다 리스크 관리가 더 중요했던 초보 투자자였다. 결국 그 매물은 눈물을 머금고 포기했다. 2020년 초 36평 3억원 초반이었던 그 아파트의 매매가는 2022년 6월 현재 6억원을 넘어서고 있다.

▲ 창원시 마산회원구 양덕동 메트로시티 1단지 아파트 (출처 : 호갱노노 2022년 6월)

돈이 없지 투자할 곳이 없나?

그때 알았다. 내가 돈이 없지 투자할 데가 없는 게 아니구나. 그리고 투자에는 항상 변수가 발생할 수 있기 때문에 최악의 경우까지 고려해서 투자 결정을 해야 하는구나. 그리고 이렇게 열심히 지역을 공부하고 임장을 다니면 소액으로 투자할 수 있는 물건은 얼마든지 찾을 수 있겠구나.

내가 투자한 평촌의 무궁화 진흥마을 아파트도 현재 매매 시세 실
거래가 6.45억을 넘겨 수도권의 파워를 실감하고 있다.

▲ 안양 동안구 호계동 무궁화 진흥 아파트 (출처 : 호갱노노 2022년 6월)

Tip 조정대상지역 아파트 양도소득세 계산

조정대상지역인 평촌 아파트를 매수 후 2년 6개월이 지난 현재 시점에 시세대로 매도한다고 가정하고, 각 상황에 따른 양도소득세를 계산해 보았다.

우선 취득가액은 3억 1,700만원(a), 양도가액은 6억 4,500만원(b)이며, 필요경비(c)는 새시 등 수리비 일부와 매수 중개사비를 더해 1,000만원으로 가정하였다. 그렇게 양도차액(d)을 계산하고 여기에 인별공제 250만원을 공제해 최종 과세표준 금액(f) 3억 1,550만원을 구한다.(단독명의로 계산)

		(만원)
취득가액	a	31,700
양도가액	b	64,500
필요경비	c	1,000
양도차액	d=b-(a+c)	31,800
인별공제	e	250
과세표준	f=d-e	31,550

평촌 아파트를 매수 후 2년 6개월이 지난 현재 시점에 매도한다고 가정하고, 각 경우에 따른 양도소득세와 수익금 비교

		1주택 & 2년 거주	1주택 & 비거주 다주택 & 조정지역 1채 (다주택 2023년 5월 9일까지 매도 시)	다주택 & 조정지역 2채 (20% 중과)	다주택 & 3채 이상 (30% 중과)
양도소득세율	g	0%	40%	60%	70%
양도소득세	h=f×g-누진공제액◆	-	10,026	16,336	19,491
지방소득세	i=h×10%	-	1,003	1,634	1,949
총납부금액	h+i	-	①- 11,029	②- 17,970	21,440 -③
수익금(만원)		31,800	20,521	13,830	10,360
수익률			395%	266%	199%

◆ 누진공제액은 과세표준 4,600만원 이하는 108만원, 8,800만원 이하는 522만원, 1.5억원 이하는 1,490만원, 3억원 이하는 1,940만원, 5억원 이하는 2,540만원, 10억원 이하는 3,540만원, 10억원 초과는 6,540만원이다.

만약 매도자가 1주택자에 2년간 거주를 했다면, 비과세 적용을 받아 양도소득세가 없다.

❶ 1주택자지만 거주를 하지 않았거나, 다주택자지만 조정대상지역에는 이 아파트 1채만 있다면 과세표준 3억원 이상으로 기본 양도소득세율 40%를 적용받아, 최종 양도소득세는 1억 1,029만원으로 양도차액은 **약 2억원**이다.

❷ 다주택자에 조정지역에 2채를 소유하고 있다면 양도소득세율이 20% 중과되어 최종 60%를 적용받는다. 그러면 최종 양도소득세는 약 1.8억원으로, 양도차액은 약 **1.4억원**이다.

❸ 마지막으로 내가 해당하는 다주택자에 조정지역 3채 이상 소유 시, 양도소득세율 중과 30% 적용되어 최종 70%를 적용받아 양도소득세 2.1억원에 양도차액은 **1억원 남짓**이다. 하지만, 정부에서 1년 한시적으로 양도소득세 중과 배제 적용을 하여 2023년 5월 9일까지 매도 시 기본 공제 40%를 적용받아 약 1억원의 양도소득세를 절세할 수 있는 기회가 있다.

16 투자 초보자에게 만만치 않았던 천안

(ft. 4,000만원 투자, 2년 후 240% 수익률)

지방 같지 않았던 천안, 1급지 공략!

충청남도 천안시는 나와 비슷한 시기에 시작한 투자자들이 가장 먼저, 그리고 많이 투자한 지방 도시 중 하나다. 사실 천안시는 수도권과 전철로 연결되어 지방이라기보다 먼 수도권으로 느껴진다.

천안은 2019년 대구와 광주시를 다녀온 후 수도권보다 먼저 다녀온 도시다. 많은 투자자들이 진입한 도시라 지역 파악이 대구와 광주보다 쉬울 것이라 생각했는데, 투자 초보자에게는 천안도 쉽지 않았다.

천안시는 동남구와 서북구 두 개 구로 나뉘어 있다. 입지적으로 서북구가 월등하다고 생각해 서북구의 주요 지역만 임장을 다녀왔다. 신불당의 신축 아파트를 제외하고는 매매가도 저렴하고 비교적 전세가도 높았지만, 매매가가 저렴한 아파트라서 저가치인가 의심이 들었다. 그리고 투자금이 거의 들어가지 않는 구축 아파트는 잘못 투자했다가 팔지도 못하고 낭패를 볼까 두려웠다.

'싼 데는 이유가 있을 거야.'

그렇게 2019년 하반기 천안 지역의 투자 기회를 놓치고 2020년 상반기 다시 천안을 찾았다. 그사이 내가 저가치인가 의심했던 서북구의 많은 아파트들의 가격이 상승해 있었다.

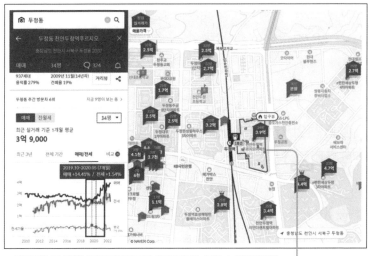

▲ 천안시 서북구 두정동 천안두정역푸르지오 아파트 (출처 : 호갱노노 2022년 6월)

1년 만에 1억원 가까이 가격이 뛴 아파트

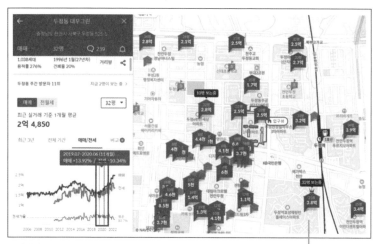

▲ 천안시 서북구 두정동 대우그린 아파트 (출처 : 호갱노노 2022년 6월)

이미 급등한 아파트들.
이럴 땐 추격매수보다는 한 단계 낮은
급지를 노리자.

상승 전의 가격을 알면
투자할 수 있을까?

투자는 할 수 있었지만, 상승 전의 가격을 알고는 오른 가격에 선뜻 투자 결정이 쉽지 않았다. 이럴 때는 아직 가격이 오르지 않은 다음 급지로 가라고 했다. 그래서 동남구 지역 조사와 임장을 시작했다. 천안역과 터미널도 동남구에 위치하고, 생각보다 택지지구도 잘 형성되어 있었다. 그리고 드디어 경부고속도로를 타고 오갈 때마다 항상 나를 반갑게 맞아 주는 그 아파트를 찾을 수 있었다.

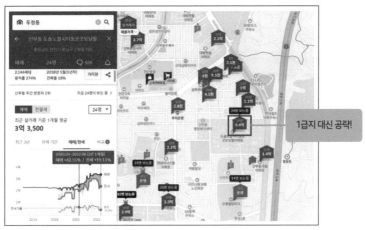

▲ 천안시 동남구 신부동 도솔노블시티굿모닝힐 아파트 (출처 : 호갱노노 2022년 6월)

서북구 대신 동남구 공략, 어떤 평형을 선택할까?

35평에 투자하고 싶었지만, 투자금이 기준에 맞지 않았다. 그래서 24평, 29평, 30평을 비교했다. 30평형이 구조가 좋았다. 그래서 1평 차이에도 29평보다 매매가가 많이 높았고, 선호도도 높아서 매물도 없었다. 결국 24평과 29평 중에 선택해야 했다. 당시 가진 투자금으로는 24평이 최선이었다. 당시 투자금 4,000만원으로 전세를 끼고 2억 4,000만원에 매수한 아파트는 현재 3억 3,500만원 대 가격을 형성하고 있다.

다음은 평형별 현재 가격이다. 2018~2019년에 비해 2020년 하반기 가격은 35평에서 상승이 먼저 시작되었으며, 상승폭도 더 큼을 알 수 있다. 따라서 투자금 기준에 맞았다면, 전용 59m²(24평형)보다는 전용

112m^2(34평형)에 투자하는 것이 투자 수익 면에서 유리하다.

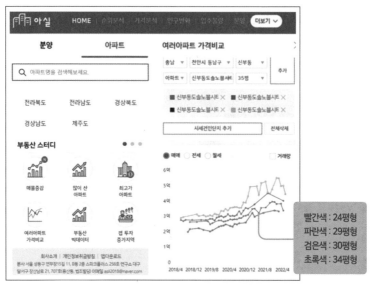

▲ 도솔노블시티굿모닝힐 아파트 평형별 가격 흐름 (출처 : 아실 2022년 6월)

17 '인구 50만 도시 투자' 원칙을 깨고 원주 선택!

(ft. 2,500만원 투자, 2년 후 380% 수익률)

인구가 적으면 공급에 따라 휘둘리지만…

지방 임장과 투자를 하면서 처음 세운 투자 지역 기준은 인구 50만 이상 도시였다. 아파트의 수요층은 사람이다. 따라서 일단 인구가 많은 곳을 우선으로 투자해야 한다. 그리고 인구수를 중요하게 생각하는 또 다른 이유는 인구수가 적은 소도시는 한두 개의 대단지 아파트 입주가 시작되면 매매가와 전세가가 크게 영향을 받기 때문이다.

그럼에도 원주를 투자한 이유는 인구 35만의 도시지만 강원도에서 인구수가 가장 많은 도시이고, 인구수가 증가하는 국내 몇 안 되는 도시 중에 하나이기 때문이다. 그리고 강원도라고 하기엔 물리적으로 수도권과 가깝고, 수도권과의 교통망도 계속 개선되고 있었다. 그리고 무엇보다 최근 2~3년간의 과잉 공급으로 매매가에 조정을 받아 가격이 무척 저렴한 반면 이후 공급 예정 물량은 많지 않았다. 32평대 신축 아파트가 2억원 후반대였다. 그래서 투자 범위를 넓혀 원주시도 임장을 다녀왔다.

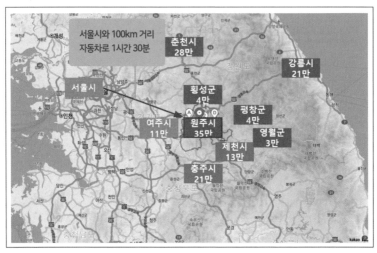

서울시와 100km 거리
자동차로 1시간 30분

춘천시
28만

강릉시
21만

서울시

횡성군
4만

평창군
4만

여주시
11만

원주시
35만

영월군
3만

제천시
13만

충주시
21만

▲ 강원도에서 인구수가 가장 많은 원주

	원주시	춘천시	강릉시	세종시	아산시
인구(시단위)	35만	28만	21만	34만	31만
직장(종사자수)	15만	11만	8.8만	11만	17만
학군 (학업성취도 %)	95% 1개 80% 3개	80% 2개	80% 2개	90% 2개 85% 3개	80% 1개
환경	AK플라자1개 마트 3개	마트 4개	마트 2개	마트 3개	마트 2개
공급	공급 적정	공급 과잉	공급 부족	공급 과잉	공급 과잉

강원도의 3대 도시인 원주시, 춘천시, 강릉시 그리고 원주시와 비슷한 규모의 인구수를 가진 세종시, 아산시와 함께 입지를 비교해 보았다. 원주를 임장했던 시기는 2020년 11월이었다. 주말에 매물을 보러 가면 부동산 중개소마다 매매, 전세 계약이 줄을 이었다. 그야말로 거래 호황이었다. 예약을 하고 간 중개소에서 계약서를 쓰느라 너무 바빠 나는 뒷전이기도 했다. 이렇게 거래가 많은 시장에서는 투자자 입장에서 좋은 매물을 만나기가 어렵다. 그래서 아쉬움을 뒤로 하고 투자를 결정하지 못한 채 임장을 마무리하였다.

2020년 12월, 원주에서 하반기 입주를 시작한 신축 단지들에서 입주가 마무리되고 매매 가격이 서서히 상승하면서 매매 거래가 줄어들고 전세 매물도 줄어들고 있었다. 투자를 염두에 두었던 단지에서 30평형대 가격이 먼저 치고 나가는 것을 확인했다. 그리고 20평형대 전세 매물이 없는 것을 확인하고 24평 매물에 바로 투자 결정을 할 수 있었다. 그때가 한참 추운 겨울이었는데, 퇴근 후에 서울에서 원주까지 달려 저녁도 굶고 저녁 7시 반이 넘어서 매물을 보았다. 다행히 해당 물건은 공실이었고, 이전 임장 시 얼굴을 터 두었던 중개사가 늦은 저녁까지 기다려 주어 매물을 확인하고 투자를 결정할 수 있었다.

2021년 2월, 매매가 2억 2,000만원에 매수했던 이 아파트는 1년 6개월 정도가 지난 현재 실거래가 3억 1,500만원에 거래되었다.

▲ 원주시 단계동 원주 봉화산벨라시티 2차 아파트 (출처 : 호갱노노 2022년 6월)

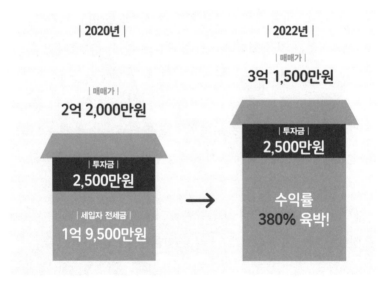

18 무피투자 경험! 전주 구축 아파트

(ft. 투자금 0원, 2년 후 6,000만원 수익)

지방 구축 아파트 투자를 시도하다

2020년 9월, 현재 나의 투자금 0원. 이제 제법 아는 지역도 늘어나고, 비교평가가 무엇인지 대충 감이 잡히는데… 투자금이 없다. 아무리 맞벌이를 하고, 허리띠를 졸라매도 둘이서 모을 수 있는 투자금에는 한계가 있다. 더구나 변경된 시행령으로 취득세 12.4%를 내려면 기존 투자금의 두 배 정도가 필요하다. 방법이 없을까? 그때 투자 동료에게서 들은 투자 선배의 이야기가 생각났다.

'무피투자나 플피투자를 하고 나면 투자의 세계가 한층 더 확장될 거예요.'

그 당시 지방 투자에 대한 나의 선입견은 확고했다. '신축 아파트만 투자하자! 구축은 수리해야 하고 관리가 어려워.' 하지만 손 놓고 있을 수만은 없었다.

내가 알고 있는 지역에서 투자조건을 '공시지가 1억원 이하 & 투자금 최소 & 전세 수요 풍부한 곳'으로 범위를 정해 두고 지역과 단지를 서칭하고 비교해 나갔다.(공시지가 1억원 이하는 취득세율 1.1%)

그리고 찾아낸 곳은 지방 주요 도시에서 거주민의 선호도가 높은 단지였다. 당시 매매 시세가 1억 4,000만원 정도였는데, 매도자가 무주택자로 청약에 도전하고 싶어서 매물로 내놨고 시세보다 조금 저렴한 1억 3,300만원을 받기 원했다. 그것도 RR.(로얄동. 로얄층)

⋮ 매매 계약과 인테리어 계약 동시 진행

투자자들이 조금씩 유입되면서 전세 물량이 아예 없지는 않았지만, 올수리 첫입주 메리트로 내놓으면 1억 4,000만원 이상에 전세 세팅이 가능하리라 판단했다. 집을 본 후 KTX를 타고 집으로 오면서 부동산 중개사에게 가격 협상을 부탁했다.

"사장님, 저 ○동 ○○○호 마음에 드는데요, 1억 3,300만원도 좋은 가격인 건 알지만 300만원 더 네고해 주시면 바로 계약금 입금하겠습니다."

이제 할 일은, 인테리어 업체를 선정하고 적정 금액의 전세가를 다시 확정하는 것이다. 이때 가장 중요한 것은 인테리어 업체 선정이다. 인테리어 견적도 중요하지만, 내가 매일 현장을 방문하여 전체 과정을 꼼꼼하게 체크할 수 없기 때문에 해당 단지 시공 경험이 풍부한 업체를 찾아야 했다. 무엇보다 믿을 만하고, 나의 요구 사항을 잘 수용해 주는 업체를 선정하는 게 최우선이었다.

계약서를 작성하러 가기 전까지 1주일의 시간 동안 인테리어 업체를 수소문했다. 그리고 매매 계약서 작성 시 인테리어 계약도 함께 진행하였다.

인테리어 사장님은 투자자의 자금 사정까지 고려하여 계약금도 필요 없고 전세 세입자를 받은 후에 전체 인테리어 비용을 입금 받아도 된다는 마음 좋은 분이었다. 하지만 나는 내 할 도리를 해야 상대방에게도 정당한 요구를 할 수 있다고 생각했고 10%의 공사 계약금과 시공 직후 70% 중도금, 그리고 하자보수 후 20% 잔금으로 계약을 진행했다.

인테리어 공사를 시작하면, 시공 담당자와 하루에도 몇 번씩 연락을 하게 된다. 최대한 미리 결정을 해 둔다고 하지만, 시공을 하면서 바로 결정하고 수정해야 하는 사항들이 정말 많기 때문이다. 그런데 이 사장님은 정말 베테랑인지, 아니면 우리가 이미 커뮤니케이션을 잘한 덕인지 시공 중 한 번도 연락을 하지 않았다. 그 당시 회사일로 바쁘던 시기였는데 연락이 없어 정말 감사했다.

하지만 공사가 거의 마무리되고, 집을 방문하고는 나는 깜짝 놀랐다. 현관 타일이 내가 요청한 게 아니었고, 싱크대에 내가 요청한 밥솥 슬라이딩 선반 대신 구멍만 뚫린 전자레인지 선반이 있었다.

▲ 요청한 것과 달리 시공된 현관 타일

▲ 인테리어 공사 이전의 주방

▲ 인테리어 공사 이후 깔끔해졌지만 싱크대 선반이 의도와 다르게 시공되었다.

사장님과 타일 모델을 선정할 때 타일 이름이 생각나지 않아 사진으로만 확인하고 계약서에 품목 번호를 따로 적어 놓지 않았다. 그리고 전기밥솥 슬라이딩 선반이라고 이야기를 하고는 '선반'이라고만 적어 놓았다. 생각한 대로 인테리어를 진행하려면 노력이 필요하다는 것을 알게 되었다.

매매가 1억 3,000만원, 전세 1억 4,000만원, 수리 및 부대비용 1,000만원으로 투자금 없이 투자한 이 아파트는 현재 매매가 2억원 선에 거래되고 있다.

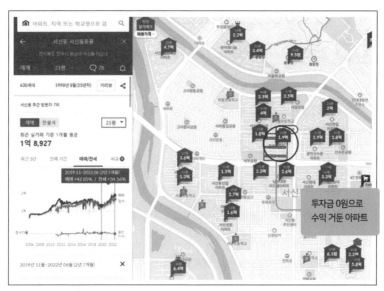

▲ 전주시 완산구 서신동 서신중흥 아파트 (출처 : 호갱노노 2022년 6월)

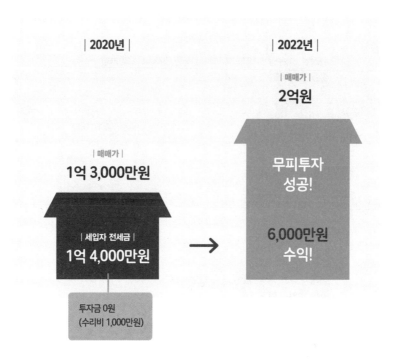

Tip **바쁜 투자자를 위한 인테리어 팁 세 가지**

자신이 생각한 대로 인테리어를 진행하려면 몇 가지 노하우가 필요하다. 인테리어 대 참사 이후에 경험이 풍부하고 꼼꼼한 여사장님과 시공을 하면서 인테리어 진행에 유용한 팁을 얻었다.

1. 계약서 작성 시에도 품목 번호를 모두 확인하고 적어 둔다.

2. 계약서 외에도 카카오톡 메시지로 모델의 사진과 품목 번호까지 보내 서로 다시 확인하고 정보를 남겨 둔다.

3. 싱크대의 경우 인테리어 업체 대부분 외주를 주기 때문에 다자간의 커뮤니케이션이 중요하다. 그래서 이때 그림으로 싱크대의 디자인과 사이즈까지 서로 확인하면 오류 발생 가능성을 줄일 수 있다.

 사장님, 작은방 도배할 때 벽지는 품번 39334-2로 가면 좋을 듯한데요.

이걸로 가려는데요.

 이게 아니고, 무늬 없는 걸로 했으면 해요. 품번 확인 부탁드려요.

19 전세가 안 빠져
마음고생했던 김해

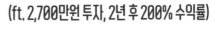

(ft. 2,700만원 투자, 2년 후 200% 수익률)

형님보다 주목을 덜 받은 도시

김해는 한창 더운 2020년 여름에 공부를 시작한 지역이다. 연초에 창원 임장을 하면서 같이 보기는 했지만, 큰형님인 부산과 창원에 끼어서 힘을 잘 못 쓰는 동생 같다고 생각했다.

2020년 여름, 김해를 다시 찾았다. 다시 꼼꼼히 살펴본 김해는 두 큰형님이 든든히 받쳐 주는 이쁨받는 동생 같은 느낌이었다. '김해시의 특산물은 아파트다.'라는 어느 부동산 중개사의 말처럼 살기 좋은 택지지구도, 새 아파트도, 공급도 많았다. 매매가는 투자 가능 범위였으나, 아직 전세가율이 낮아 가지고 있는 투자금으로는 투자에 적합하지 않았다. 좀 더 기다려 보기로 했다.

전세가율 상승! 매매 타이밍 신호 포착!

그리고 2020년 11월, 모니터링하고 있던 데이터에서 신호가 왔다. 당시에는 원주를 임장하고 있었는데, 이렇게 임장하는 지역 외에 다른 곳에서 투자 신호가 울릴 때가 있다.

나의 경우, 첫 번째 임장에 곧바로 투자하지 않고 그 이후에 더 좋은 타이밍을 잡아서 투자한 경험이 많다. 어떻게 보면 이것이 더 당연하다. 아직도 투자 후보 지역 모두를 임장한 것은 아니다. 하지만 어느 지역부터 임장할지는 크게 중요하지 않다고 생각한다.

내가 김해에서 가장 투자하고 싶었던 지역은 율하 1지구, 그중에서 e편한세상 1차(11단지) 아파트에 투자를 최종 결정했다. 매매가 2억 7,700만원. 해당 단지에 전세는 하나도 없어 전세도 무난히 뺄 수 있을 것이라 생각했다.

그런데 아뿔싸! 여기를 나만 보고 있었던 것이 아니다. 저렴한 매매가에 전세가가 상승하니 전국에서 투자자가 몰려들었다. 덕분에 매매가도 조금씩 상승했지만, 비슷비슷한 컨디션의 단지들이 몰려 있는 지역이라 해당 단지뿐만 아니라 옆 단지, 옆옆 단지와도 전세 경쟁을 벌여야 했다.

전세 가격 안 낮추고
원하는 세입자 기다리기

매일 전세 물건들을 체크하고, 중개소에 전화를 걸어 매물 상태를 확인했다. 그렇다고 내 물건을 1등으로 만들겠다고 무작정 전세가를 내릴 수도 없다. 투자금도 생각해야 한다.

주변 단지까지 모두 체크해서 현재 내 물건이 몇 등인지, 전세가를 내렸을 때 또는 높였을 때 몇 등이 되는지까지 시뮬레이션해 보았다. 아직 잔금까지 시간이 있어서 전세가는 더 내리지 않고 기다려 보기로 했다.(이번 장 마지막 Tip에서 자세히 알아보자.)

시간이 지나자 때마침 직장 사정으로 서울에서 이사 오는 세입자를 만나 잔금 날짜를 맞출 수 있었다.

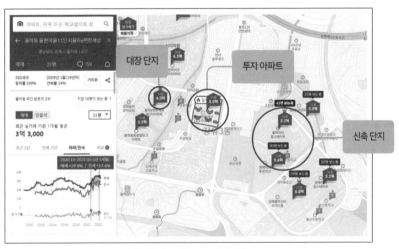

▲ 김해시 율하동 율현마을 11단지 아파트 (출처 : 호갱노노 2022년 6월)

아래는 해당 단지의 현재 가격이다. 33평 3억 3,500만원. 수익률은 약 200%로 나쁘지 않은 투자다. 하지만, 바로 옆의 대장 단지인 e편한세상 2차 아파트(33평 4억 300만원)와, 그리고 바로 오른쪽에 형성된 율하 2지구 신축 아파트 단지(34평 5억 2,000만원~6억 4,000만원)와 가격 비교를 해보면 조금 아쉽다. 아직 덜 오른 저렴한 가격으로 e편한세상 1차 아파트를 선택했지만, 투자금을 조금 더 들였다면 더 큰 수익을 얻을 수 있었다. 그리고, 내가 투자한 지역과 멀지 않은 곳에 구축 아파트 단지가 있었다. 생활권도 좋고 수리비까지 해서 500만~1,000만원 정도의 투자금으로 투자를 할 수 있는 지역이었다. 잘하면 무피에 플피◆도 가능했다. 하지만, 투자할 수 있는 더 좋은 선택지가 있는데 굳이

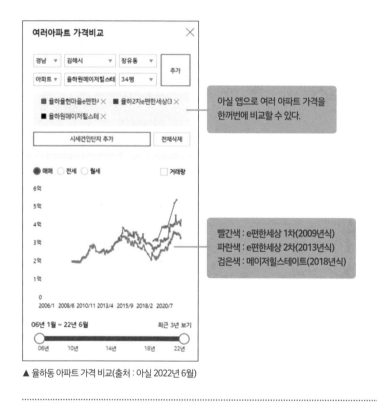

▲ 율하동 아파트 가격 비교(출처 : 아실 2022년 6월)

◆ **플피** : 일반적으로 플러스 프리미엄이라고 해서 분양 시장에서 프리미엄이 발생해 분양가보다 높은 가격에 거래되는 것을 의미한다. 여기에서는 매수가보다 높은 가격으로 전세를 놓아 투자 후 오히려 현금이 발생하는 상황이다. 예) 1억 3,000만원에 아파트를 매수하여 1억 5,000만원에 전세를 맞춤.

저수익형 투자를 하고 싶지 않았다.

아래는 당시 내가 저가치라고 생각했던 단지의 시세. 4,000만
~5,000만원 이상은 모두 상승했다. 결과적으로 무피, 플피가 가능한
지역이었던 것이다

투자 당시에는 최선을 다했다고 생각하지만, 투자는 항상 이렇게
아쉬움이 남는다. 바둑에 '복기'라는 것이 있다. 경기가 끝난 후 해당
대국을 다시 처음부터 한 수 한 수 두는 것이다. 투자에도 이런 복기
가 필요하다. 상대방 없이 나 혼자 하는 복기다.

이번 투자를 진행하면서 내가 놓친 부분은 없는지, 더 좋은 선택은
없었는지 복기하면서 다음에 더 좋은 투자를 하기 위해 철저히 분석
하고 적용한다. 그리고 한 번으로 끝나지 않는다. 일정 시간이 지난
후, 계속 시장의 흐름과 다른 지역과의 수익률을 분석하고 다음 장에
서는 어느 지역부터, 어느 단지부터 지켜봐야 할지 계속 데이터를 쌓
아 가고 있다. 이게 다소 아쉬운 투자를 하고도 내가 투자자로 계속

▲ 김해시 대청동 갑오마을 6단지 아파트 (출처 : 호갱노노 2022년 6월)

성장하고, 투자 시장에서 살아남을 수 있는 유일한 방법이라고 생각한다.

Tip | 내 전세 매물, 얼마에 내놓을까? – 매물 시뮬레이션

전세 물건이 많은 시기에는 전세가 설정이 중요하다. 우선 네이버 부동산에서 내가 투자한 단지의 전세 매물에 대해서 정리한다. 웬만한 정보는 매물 정보에 나와 있으며, 정보가 충분치 않으면 중개소에 문의한다.

당시 내가 투자한 e편한세상 1차 아파트는 저층 2.3억원, 중층 2.4억~2.6억원까지 전세 매물이 나와 있었다. 전세를 찾는 사람들에게 가장 중요한 것은 가격, 입주 가능 날짜, 그리고 집 상태인데, 해당 아파트는 2009년식으로 전체 인테리어를 한 매물은 없어 매물별 수리 상태는 고려하지 않았다.(1990년대 입주한 구축 아파트의 경우, 수리 상태도 중요함)

<e편한세상 1차>

	전세가(억원)	층	입주일 상황	현재 순위	전세가를 2.6억원으로 올릴 경우 순위
1	2.3	저층			
2	2.4	11층	11월 중순 이후 입주	1	1
3	2.5	10층	빠른 입주 가(도로 소음)	3	2
4	2.5	10층	11월 중순 이후 입주	2	4
5	2.6	13층	1월 말 입주	×	
6	2.6	19층	빠른 입주 가		3
7	2.6	23층(탑)			
8	2.6	29층(탑)	2월 초 입주	×	

(내 매물 ← 3)

내가 가진 투자금과 단지 내 전세 상황을 고려해 2.5억원으로 전세 가격을 설정하였고, 현재 상황에서 내 매물이 세입자의 선택을 받을 몇등 매물인지 시뮬레이션해 보았다. 11층 2.4억원 매물이 1등, 내 매물(10층)이 2등이었다. 나쁘지 않았다.

그리고 경쟁이 되는 옆 단지 전세 매물 현황도 조사해 보았다. 2개월 내 입주 가능한 매물은 2.7억원, 3~4개월 이후 입주 가능한 매물은 2.6억원에 나와 있었다.

<동원 로얄>

	전세가(억원)	층	입주일 상황
1	2.6	13층	1월 말 이후
2	2.6	5층	
3	2.6	3층	2월 말 이후
4	2.7	10층	즉시 입주 가능
5	2.7	22층	12월 중 입주
6	2.7	22층	12월 말 이후 입주
7	2.7	16층	3월 이사
8	2.8	10층	공실

혹시 2.6억원에도 가능하지 않을까 욕심이 생겨, 만약 내 매물을 2.6억원으로 올린다면 단지 내에서 몇등일까 시뮬레이션해 보니 순위가 밀려 4등이 되었다. 우리 단지에서만 4등이지, 주변 다른 단지까지 고려하면 더 뒤로 밀려 잔금 날짜까지 맞추지 못할 수도 있다.

그래서 욕심을 내려놓고, 2.5억원으로 매물을 내놓고, 데드라인을 정해 두었다. 그 날짜까지 전세가 나가지 않는다면 가격을 낮추기로 했다. 다행히 전세는 2주 후에 계약이 되었고, 이후에 전세 실거래 현황을 살펴보니, 내가 매긴 순서대로 전세가 계약되었음을 확인할 수 있었다.

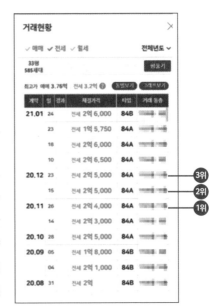

▲ 전세 매물 시뮬레이션

20 달리는 말에 올라탄 인천 투자

(ft. 2,600만원 투자, 1년 후 230% 수익률)

초보 투자자에게 어려웠던 인천

인천은 초보 투자자에게 상당히 어려운 시장이다. 흔히 부동산 시장을 수도권과 광역시, 그리고 지방 인구 50만 이상과 이하 시장으로 나누는데 인천은 과연 어디에 속할까? 수도권일까, 광역시일까, 지방일까?

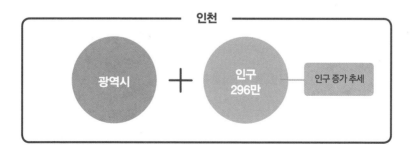

인구 증감을 보면 광역시 중 유일하게 인구수가 증가하고 있으며, 전국 단위에서 인천으로의 이주 수요를 확인할 수 있다.

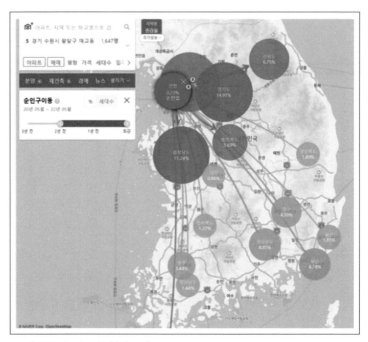

▲ 인천광역시 기준 인구 이동 (출처 : 호갱노노 2022년 7월)

매매가가 저렴해 지나칠 수 없는 지역

수도권 광역시에 인구수도 나의 투자 기준인 50만 이상이다. 하지만 매매가는 너무 저렴했다. 서울은 2015년부터 매매가 상승을 이어감에 반해 인천은 2020년 중반까지도 가격이 꿈쩍도 하지 않았다. 이유가 무엇일까?

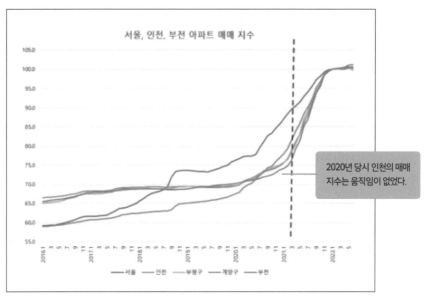

서울, 인천, 부천 아파트 매매 지수

2020년 당시 인천의 매매 지수는 움직임이 없었다.

▲ 서울, 인천, 부천의 아파트 매매 지수 비교(출처 : KB부동산)

　　2020년 하반기 이 그래프를 보고 과연 인천을 어떻게 평가할 수 있었을까? 특히 나는 첫 번째 투자처가 부천이라 부천과 인천의 입지를 비교하면 부천이 입지가 더 좋다고 판단했고, 부천도 아직 저평가라 생각했기에 인천에 선뜻 투자 결정을 하기가 쉽지 않았다.

　　2021년 봄, 전국적으로 전세 품귀 현상이 있던 때다. 인천 아파트 가격이 부천과 지나치게 벌어지더니 서서히 매매가와 전세가가 함께 상승하기 시작했다. 부천의 전세 가격이 너무 오르고 전세 매물도 귀해지자, 세입자들이 전세 매물을 찾아 인천 부평구와 계양구를 찾기 시작했다.

　　내가 선택한 단지는 삼산주공미래타운 4단지 24평이었다. 역세권 지역은 이미 매매가가 높았고, 나의 투자 기준에 들어오지 않았다. 그런데 이 단지도 이미 상승장을 타면서 가격이 오르고 매물이 들어가기 시작했다. 토요일에 3, 4단지 24평 매물들을 보고 돌아와 투자하고 싶은 매물의 순서를 정했다. 토요일에 매물을 볼 때도 이미 많은 투자자들이 매물을 보고 있음을 알 수 있었고, 다른 투자자들과 매물을 같이 보기도 했다. 그래서 월요일까지 기다려서 연락을 하면 매물을 놓칠 것 같아 일요일 오전에 바로 중개사에게 연락을 했다. 그런데….

"소장님, 어제 본 ○○○동 ○○○호요, 그거 500만원 가격 조정해 주시면 제가 계약하고 싶어요."

"어머 사모님, 그 물건 내놓은 가격에 어제 바로 계약됐어요. 요즘은 가격 안 올리면 다행이에요."

"네? 그러면 수리된 ○○○동 ○○○호는요?"

"그건 주인분이 가격 1,000만원 올리셨어요. 그런데 그 가격에도 팔지 확실치가 않아요."

그렇게 내가 투자하고 싶었던 매물들은 하루 사이에 계약이 완료되거나 가격이 올라 있었다. 그야말로 불장이었다.

"소장님, 저 내일 퇴근하고 바로 갈게요. 24평하고 21평 거래 가능한 매물들 좀 뽑아놔 주세요."

점심시간에 매물을 다 뒤져 다른 중개소에 연락을 돌렸지만 마땅

한 매물을 찾지 못했다. 퇴근 후에 중개소에 찾아가 소장님과 나와 있는 모든 매물을 하나씩 다 따져 보며 거래 가능한 매물을 찾았다. 매매가가 저렴한 매물은 대부분 저렴한 보증금에 전세 낀 매물이라 투자금 기준에 맞지 않았다.

내가 찾는 매물은 매매가가 저렴하고 빠른 시일 내에 입주 가능한 매물 중에 아래 조건을 우선 순위로 고려하였다.

1. 이미 수리가 된 매물 : 수리 없이 바로 전세 놓을 수 있음(잔금 치르지 않아도 됨)
2. 매수 계약 후 잔금 전에 수리가 가능한 매물 : 잔금 치르지 않아도 됨
3. 매수 계약 후 잔금을 치르고 수리하는 매물

1번 조건의 매물은 가격이 맞지 않았다. 대부분 주인이 거주 중인 집이라 2번 조건에 부합하는 매물도 없었고, 이미 매도 우위시장에서는 해당 조건의 매물을 만나기 어렵다. 그리고 마지막 남은 3번 조건의 매물에서 잔금을 내려면 24평은 현재 내 상황에서 잔금과 투자금이 맞지 않았다.

그렇게 집주인 이사를 앞둔 2단지의 22평, 2억 500만원에 나온 매물을 찾았다. 사이드 집이지만, 그 덕분에 작은 방에 베란다가 하나 더 있었다. (복도식 아파트에서는 사이드 집에 베란다가 하나 더 나올 수 있는데, 좁은 평수에서는 선호도가 높다.) 그런데 집을 못 본단다. 한 달 후에 새 아파트 입주를 앞둔 매도인이 집이 너무 엉망이라 집을 안 보고 살 사람에게만 팔겠다고

해서 중개소에서도 적극적으로 권하지 않았고 매물로 나온 지 두 달이 넘었지만 아직까지 거래가 성사되지 않았다. 매도자는 구조도 인터넷에 다 나와 있고, 어차피 매수 후에 올수리할 건데 집을 왜 보여 줘야 하느냐는 것이다. 제 버릇 개 못 주고 또 '네고'를 시도했다.

"사장님 ○○○동 ○○○호 100만원만 깎아 달라고 해주세요. 집도 못 보잖아요. 중대 하자는 매도인 책임으로 계약서를 쓴다고 해도 어쨌든 저도 어느 정도 위험을 감수하는 거니까요."

협상하는 과정이 번거로워 딱 받을 금액으로 내놓은 건데, 깎아 달라고 하니 기분이 나빠진 매도인이 하루 더 생각해 보기로 했다는 연락을 받았다. 그리고 다음 날, 2억 500만원에 100만원을 더한 2억 600만원에 매도하겠다고 통보했다.

┊ 집 계약 시 대비해야 할
┊ 중대 하자 리스트

그렇게 나는 처음으로 집을 못 보고, 협상 과정에서 더 오른 가격으로 매수를 결정했다. 집을 확인하지 못하고 계약 시 이후에 나에게 발생할 수 있는 리스크를 정리해 보고 그에 대해 대비했다.

1. 누수, 결로, 파손 등 집에 중대 하자 여부 매도인에게 문의 → 중대 하자 없는 것으로 확인(구두 확인이라도 꼭 하고 문자 등으로 남기기)
2. 이후 확인 시 누수, 결로 등 집에 중대 하자가 있는 경우 → 가계약 시 계약 조건에 중대 하자는 매도인이 책임지는 것으로 협의

또는 문서(문자)로 남기기

3. 본 계약서에 중대하자 향후 6개월간 매도인이 책임진다는 문구 작성하기

4. 매도인 퇴거 후 인테리어 진행 전에, 전문가와 함께 다시 꼼꼼하게 집 상태 확인하기

<매매 계약서 특약 사항 예시>

★ 현시설 상태에서의 매매계약이나, 잔금일에 누락된 사항 발생 시 매도인이 수리하기로 한다.(중대하자는 매수 후 6개월까지 매도인 책임)

★ 현 등기사항증명서상 근저당설정 두 건
(1. ㅇㅇ은행 채권최고액 금 ㅇㅇㅇ원, 2. ㅇㅇ은행 채권최고액 금 ㅇㅇ원)
상태에서의 계약이며 잔금 전(또는 잔금일) 전액 상환 및 말소 등기 하기로 한다.

★ 계약금은 ㅇㅇㅇ만원, 중도금은 전세계약금, 매매잔금은 전세금 잔금으로 처리한다.

★ 점유자는 매수인의 임대차 계약을 위한 부동산 방문에 적극 협조하기로 한다.

★ 점유자는 새로운 임차인과 협의하여 이사일을 정한다.

매수 금액 2억 600만원, 내부 새시 제외 전체 특올수리 비용 약 1,500만원 견적을 받았다. 그렇게 매수 계약서를 작성하고, 2일 후에 1억 9,500만원에 인천 계양구에서 이사 오는 신혼부부를 세입자로 맞을 수 있었다. 이 신혼부부도 집 내부는 보지 못하고, 집의 위치와 수

리 내역을 확인하고 계약 결정을 한 것이다.(얼마나 전세가 귀한 시장인지 알 수 있다.)

그리고 아파트의 매매 가격은 하루가 다르게 상승하더니, 매수 후 6개월 만에 3억원을 넘어 지금까지 투자한 물건 중 최단기간 최고 수익률과 수익금을 기록하였다. 정말 달리는 말에 올라탄다는 것이 이런 것이구나 실감할 수 있었다.

아파트 매수 당시에도 인천, 그것도 부평구에 향후 공급이 많다는 것은 충분히 인지하고 있었다. 하지만 인천의 가격이 충분히 저렴하다고 판단하였고, 입주장 때 매매와 전세 금액이 모두 빠지더라도 이후에 제 가치에 맞는 가격을 찾아갈 것이라는 믿음이 있었다. 어떻게 보면 아직 하락장을 겪어 보지 못한 초보 투자자의 호기일 수도 있다. 우려대로 3억원 이상 거래되던 아파트는 현재 2억 6,000만~2억 7,000만원 선에서 거래가 되고 있다. 아직 전세 가격은 1억 9,500만원보다는 높아 역전세를 우려할 정도는 아니지만, 전세 절대가 자체가 높지 않아 역전세가 나더라도 감당이 가능하리라 판단한다.

매수 후 6개월 만에 최고의 수익률을 안겨 준 인천 아파트

▲ 인천광역시 삼산주공미래타운 2단지 아파트(출처 : 호갱노노 2022년 6월)

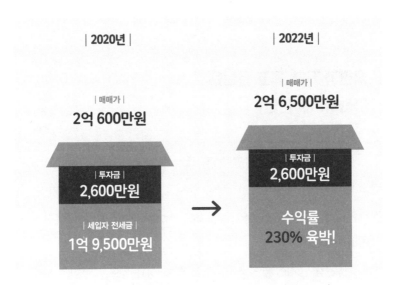

| 2020년 |

| 매매가 |
2억 600만원

| 투자금 |
2,600만원

| 세입자 전세금 |
1억 9,500만원

→

| 2022년 |

| 매매가 |
2억 6,500만원

| 투자금 |
2,600만원

수익률
230% 육박!

21

하락장에 투자한 두 곳에 대하여

(ft. 목표 수익률 200%)

저평가 지역, 목표 달성은 가능하리란 판단

다음 이야기할 투자 경험은 2021년 하반기 투자를 결정하고 2022년 초에 잔금을 마무리한 두 개의 투자 건이다. 투자한 지 얼마 안 된 지역이고 아직 가격 변동이 크지 않은 단지들이라 지역과 단지 명은 공개하지 않는다.

앞의 투자 단지들에 비해 상승의 힘이 상대적으로 약한 아파트들이다. 즉 입지로 볼 때는 투자 우선순위에서 밀리는 지역이다. 생활권 우선순위에서는 밀리긴 하지만 도시 내, 그리고 타 도시와의 비교 시 저평가라 판단하였고, 향후 입주 물량도 많지 않아 목표로 하는 수익률(200%)은 달성 가능하리라 판단하였다.

투자 결정 시기(2021년 10~11월)에는 전세 물량이 많지 않았고 전세 가격이 계속 오르고 있어 잔금을 뒤로 미룰수록 전세 가격을 높게 받는 데 유리할 것이라 생각했다. 그래서 이사 날짜를 뒤로 미루어 잔금까지 3개월 이상 시간을 벌 수 있는 매물로 계약을 진행하였다. '지금 전세가도 이렇게 높은데, 내년이면 거의 매매가만큼 받을 수 있겠지?' 2021년 내내 이어진 전세 투자 호황(전세 매물 품귀에 따른 높은 전세가율)으로 나는 어느새 행복 회로를 돌리고 있었다.

그런데 웬걸. 연말로 갈수록 전세 매물은 증가하는 반면 전세 수요자는 점점 더 줄어들었고, 설상가상으로 전세 대출 규제까지 이어졌다.

전세 매물 증가, 전세가 하락
투자 원칙을 어긴 대가를 톡톡히 치른 사례

최고가 전세를 맞추겠다는 욕심이 이제는 전세를 못 맞출 수도 있다는 우려를 낳았고, 투자 결정 당시 설정했던 전세가에서 낮추어 전세를 맞출 수 있었다. 전세가를 낮추는 결정이 조금이라도 늦었다면, 잔금을 치르고 한동안 공실로 두는 고생을 했을지도 모른다.

지금까지는 한 건의 투자를 마무리하기 전에 투자를 결정하지 않았다. 적어도 전세 계약까지는 확정 후에 다음 투자를 진행했다. 그런데 이번에는 다소 긴 잔금 날짜에, 높은 전세가율이라는 욕심이 앞서 리스크 있는 결정을 내렸다. 이전의 투자에서의 작은 성공에 취해서 자만한 것은 아닌지 나를 돌아보는 좋은 기회가 되었다.

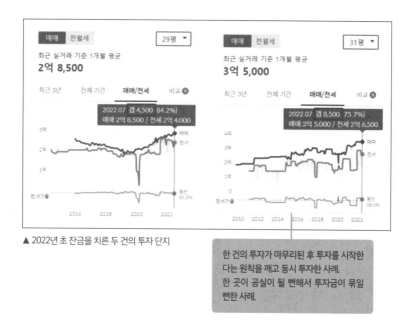

▲ 2022년 초 잔금을 치른 두 건의 투자 단지

한 건의 투자가 마무리된 후 투자를 시작한다는 원칙을 깨고 동시 투자한 사례.
한 곳이 공실이 될 뻔해서 투자금이 묶일 뻔한 사례.

　　단지별 매매와 전세 그래프를 보면, 앞에서 본 단지들과 다르게 급상승 구간이 없다. 그리고 매매가는 내가 매수한 금액보다 소폭 상승했지만, 전세가는 내가 맞춘 금액보다 지금 더 낮은 상황이다.

　　이렇게 더 이상 상승 없이 하락장으로 갈 수도, 아니면 다시 상승을 이어 나갈 수도 있다. 지금도 매일 뉴스와 신문에서는 부동산 시장 하락을 예측하는 기사들이 쏟아진다. 상승하면 좋겠지만, 하락을 해도 나는 별로 신경 쓰지 않는다. 걱정하고 우려한다고 해서 내가 할 수 있는 일이 많지 않기 때문이다.

　　역전세가 나면, 현금을 준비해서 역전세에 대비하고, 충분한 시세 차익이 났거나, 더 좋은 투자를 위해 투자금이 필요하다고 판단되면 내가 세운 순서에 맞게 매도를 시도하면 된다. 그 사이 시간에는 지금처럼 시장과 투자, 지역에 대해서 공부하고 즐겁게 내 인생을 살아갈 것이다.

Tip 역전세 대비 어떻게 할 것인가?

앞서서도 여러 번 언급하였지만, 아파트 전세 레버리지 투자에 있어 투자 초기에 맞는 역전세는 큰 리스크가 될 수 있다. 투자금이 많지 않은 소액 투자자에게 몇천만원의 투자금이 추가로 필요하며 이를 해결하지 못한다면, 원치 않게 투자 매물을 급매로 매도하는 상황까지 발생할 수 있다. 그렇다면 이에 대한 대비책은 어떤 것들이 있을까?

1 | 전세 계약시 지역 내 입주시기와 전세 만료 시기를 겹치지 않게 세팅한다

예를 들어, 2022년 10월에 전세 계약을 하는데 지역 내에서 2년 후인 2024년 10월에 대규모 입주가 예정되어 있다면, 2년이 아니라 3년 계약을 하거나, 적어도 최대 입주 시기와 4개월 이상 차이가 나도록 계약 기간을 조정한다.

2 | 너무 높은 최고가의 전세 보증금을 고집하지 않는다

투자 초기에는 최고가의 전세 보증금으로 계약해 투자금을 줄이는 게 투자자의 실력이라고 생각했다. 항상 투자금이 부족한 소액 투자자들에게 500만원, 1,000만원도 아주 큰 돈이며, 다음 투자를 하느냐 못 하느냐를 결정하는 금액이 될 수도 있다. 하지만, 최고가의 전세금은 이후 역전세 시 그만큼 많은 금액을 돌려줄 수도 있음을 알아야 한다. 무리하게 최고가의 전세금을 고집해서 예비 세입자와 마찰을 겪거나 공실, 역전세의 리스크를 감당하는 것보다 적정한 금액의 전세금을 받는 것이 리스크를 줄이는 것임을 깨달았다.

3 | 목표 수익률을 달성한 단지는 과잉 공급 전에 매도하는 것도 괜찮다

아직 나도 실행하지는 못했다. 하지만, 올해 말부터 세입자와 계약이 만료되는 물건들 중에 과잉 공급으로 역전세 우려가 있는 지역의 물건들은 매도 계획도 가지고 있다. 다만 매도하는 것이 좋을지, 리스크를 감당하고도 계속 보유하는 것이 좋을지에 대해서는 계속 시장 상황을 지켜볼 예정이다.

4 | 여러 지역에 분산 투자한다

나는 같은 지역에 두 개 이상의 투자는 하지 않았다. 지금 복기해 보면 다음 지역에 투자하는 것보다, 이전 지역에 여러 개의 투자를 했다면 수익률이 더 좋았을 지역도 있다. 하지만, 지역별로 흐름이 다르고 투자 물건이 있는 지역을 더 관심 있게 트래킹하고 지켜본다는 것을 생각하면, 여러 지역에 분산 투자한 것이 더 잘한 것이라 생각한다. A 지역에서는 역전세가 있더라도 B 지역에서 전세금이 오른다면, B에서 받은 추가 전세금으로 A 지역의 역전세를 감당할 수도 있다.

5 | 현금을 준비해 둔다

이러한 대비책들에도 불구하고 일정 부분 현금을 준비해 두어야 한다. 금액은 개인마다 다를 것이나, 나는 한 채의 역전세 금액을 돌려줄 3,000만~5,000만원 정도의 현금을 준비하는 중이다. 마이너스 통장도 만약을 대비해 준비해 두고 있다.

내가 할 수 있는 모든 대비는 하되, 내 예상과 다른 상황이 발생하더라도 대응하고 해결하면서 자산을 지키고 키워 나가려고 노력하고 있다.

50억짜리
임장보고서
작성법

22 임장보고서 쓰는 이유
돈이 없어서, 돈을 잃을 수 없어서!

한정된 돈으로 최대 수익을 얻으려면?
손품 발품이 대안!

조던의 《앞으로 10년, 대한민국 부동산》이라는 책에서 나와 같이 임장보고서를 작성하고 임장을 다니는 투자자를 입시 성적이 부족한 수험생에 비유한 것을 보았다. 열심히 임장을 다니던 시기라 처음에는 조금 힘이 빠졌지만, 이내 수긍이 갔다.

내신과 수능이 만점에 가까운 고득점자라면 이 학교 저 학교 비교하면서 내가 갈 수 있는 학교를 조사하고 눈치 게임을 하며 여러 개의 원서를 작성하지 않을 것이다. 자신이 가고 싶은 학교에 소신 지원하거나, 아니면 가장 좋은 학교와 과에 지원할 것이다. 투자로 보면 돈이 많은 투자자다. 돈이 충분히 많다면, 내가 가장 사고 싶은 아파트를 사거나 현재 가장 비싼 아파트를 사면 된다.

하지만 우리는 돈이 충분하지 않다. 한정된 투자금으로 최대한의 수익을 내야 한다. 부족한 내 성적으로 최대의 입시 결과를 얻기 위해 입시 전형과 학교를 열심히 비교 분석하고, 현재 대학의 위상, 내 적성, 향후 비전 그리고 가장 중요한 내 성적을 고려해서 신중히 한정된 개수의 원서를 써야 한다. 그래서 어쩌다 운이 좋게 자신에게 유리한 입시 전형을 발견하기도 하고, 낮은 경쟁률 덕분에 턱없이 낮은 점수로 합격하는 상황이 벌어지기도 한다.

내가 가진 투자금은 이미 치른 수능시험 점수처럼 더 부풀릴 수 없지만, 더 좋은 투자 결과는 우리의 노력으로 얼마든지 만들 수 있다. 나는 그렇게 나의 작고 소중한 투자금을 대학 입시를 준비하는 수험생, 그리고 수험생 부모의 마음으로 투자할 지역과 매물을 선정하고 투자를 진행하였다.

임장보고서 6단계 따라 쓰면 적어도 실패하지는 않는다!

부동산 투자를 시작하고 한 달에 한 지역씩 공부를 하면서 임장보고서를 작성해 왔다. 부동산 초보자가 투자를 위해 지역에 대해서 공부를 시작한다면, 무엇부터 어떻게 공부해야 할까 막막할 것이다.

이 책에 내가 작성했던 임장보고서 사례를 실어 놓았다. 내가 작성한 보고서 순서에 따라 조사하고 칸을 채워 넣다 보면 어느새 지역에 대한 준전문가가 되어 실제 임장을 가서도 무엇을 중심으로 봐야 할지 알게 될 것이다. 처음에는 시간도 많이 걸리고 어려울 수도 있지만 하나둘 쌓이다 보면 작성 시간도 줄어들고 투자자에게 큰 자산으로 남을 것이다. 나에게 그랬던 것처럼.

임장보고서는 크게 아래 6단계를 따라 작성하고, 마지막 결론에 따라 투자 여부를 결정하였다.

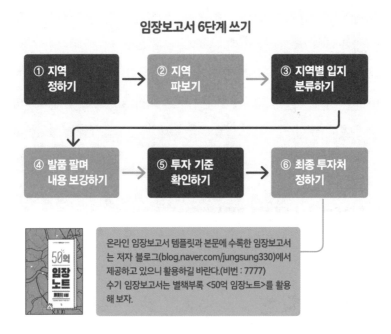

임장보고서 6단계 쓰기

① 지역 정하기 → ② 지역 파보기 → ③ 지역별 입지 분류하기

④ 발품 팔며 내용 보강하기 → ⑤ 투자 기준 확인하기 → ⑥ 최종 투자처 정하기

온라인 임장보고서 템플릿과 본문에 수록한 임장보고서는 저자 블로그(blog.naver.com/jungsung330)에서 제공하고 있으니 활용하길 바란다.(비번 : 7777)
수기 임장보고서는 별책부록 <50억 임장노트>를 활용해 보자.

임장보고서 1단계
* 지역 정하기

(ft. 청주 사례)

4~5곳 선별 후
최종 후보 지역 정하기

앞에서 소개한 앱*을 활용하여 실제 투자 지역을 정하기 위한 분석 방법을 소개한다. 2020년 내가 해당 지역을 투자하기 위해 작성한 임장보고서 내용을 바탕으로 하였다. 일부 데이터는 현재와 다를 수 있으며, 여러분 스스로 임장보고서를 작성하기 위한 사례로 참고하길 바란다.

투자를 위한 임장 지역을 선정하는 기준은 아래와 같다.

◆   10장에서 네이버 부동산, 호갱노노, 아실 앱 설명 참조.

지역 정하기 순서

1. 시 단위로 구분하여 인구 순으로 나열하기

2. 매매 평단가와 최고가 아파트 가격을 기준으로 현재 저평가된 지역 선정하기

3. 매매가 대비 전세가율이 높아 바로 투자가 가능한 지역을 우선순위로 두기(투자금 최소)

4. 향후 2~3년간 입주 물량을 확인하고 수요량 대비 공급량이 많지 않은 지역을 우선순위로 두기(리스크 관리)

임장 지역 정한 근거와
이유 정리하기

지난 2~3년간 과잉 입주로 인해 매매 가격 조정을 받았고, 지역 규모에 비해 매매가가 저렴하다고 판단한 충청북도 청주시가 기준 안에 들어왔다.

다음과 같이 ❶청주시 매매, 전세 지수 비교표와 ❷지역별 아파트 가격을 지도에 표시하였다. 이렇게 결정한 지역이 투자할 타당성이 있는지 ❸스스로 생각을 정리해 보고 임장보고서에 써보자. 처음이라 막막하다면 필자의 블로그에 올려놓은 임장보고서 양식을 다운로드 받아서 내용을 교체하면서 채워 가도 좋을 것이다. 나의 경우는 다음과 같이 작성했다.

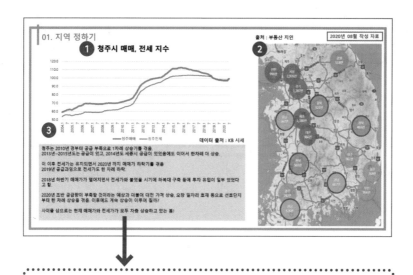

01. 지역 정하기

청주는 2010년경부터 공급 부족으로 한차례 상승기를 겪었다. 2013~2015년도는 공급 물량이 있었고, 2014년도 세종시 공급이 있었음에도 이어서 한차례 상승이 있었다.

이 이후 전세가는 유지되면서 2020년까지 매매가 하락을 겪었다. 2019년 공급 과잉으로 전세가도 소폭 하락하였다.

2018년 하반기, 매매가가 떨어지면서 전세가와 갭이 붙었을 시기에 하복대 구축 등에 투자자 유입이 있었다고 한다.

2020년 초반 공급량이 부족할 것이라는 예상과 더불어 대전 가격 상승, 오창 일자리 호재 등으로 선호 단지부터 매매가가 상승하고 있다. 이후에도 계속 상승을 이어갈 수 있을까?

사이클상으로는 현재 매매가와 전세가가 모두 상승 초반으로 보여진다.

임장보고서에 쓴 나만의 생각

① 주요 시설 파악하기

지역을 선정한 후에 나무위키, 청주 시청 홈페이지, 각 구청 홈페이
지, 구글링, 기사 검색 등을 통해 지역과 친해진다. 그리고 지도를 계

속 보면서 지형과 구와 동 이름, 주요 도로, 하천, 주요 시설의 위치를 파악하고 임장보고서에 정리해 본다.

② 행정구역 파악하기

청주시는 그림과 같이 네 개의 구로 나뉘며, 인구수는 흥덕구가 약 27만명으로 가장 많고, 나머지 청원구, 서원구, 상당구는 19만명 정도로 유사하다. 청주시의 주요 시설의 위치를 '구'로 나누어 표시해 보면 흥덕구에 주요 시설들이 몰려 있는 것을 볼 수 있다. '구'로 별도로 나뉘지 않은 지역 소도시에서는 생략할 수 있다.

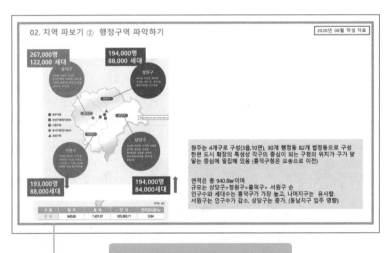

청주 사례를 임장보고서 형식에 맞게 쓴 자료가 저자 블로그(blog.naver.com/jungsung330) 자료실에 있으니 자세한 내용은 다운로드해서 살펴보자.(비번 : 7777)

③ 택지지구 개발 파악하기

청주시의 택지지구 개발 현황은 택지정보시스템(www.jigu.go.kr)에서 확인할 수 있다.

오른쪽의 무심천이 지나는 원도심을 중심으로 제1순환로 안쪽으로 택지지구가 개발되었고, 도시가 확장됨에 따라 제2순환로를 따라 택지지구가 확장되었음을 알 수 있다. 현재는 동남지구가 입주를 앞두고 있고, 택지지구는 아니지만 강서지구 남쪽으로 홍골 지역에 아이파크 대단지가 입주 예정이다.(2022년 현재는 대부분 단지가 입주를 완료하고 두 지역 모두 청주에서 핫한 지역이 되었다.)

이렇게 연도별 택지지구 개발 순서를 보면 도시의 역사와 개발 확장 방향을 유추할 수 있다. 어디에 구축 아파트가 많을지, 어디에 신축 아파트가 많을지, 어디에 재개발·재건축 지역이 많을지 유추하고 확인할 수 있다.

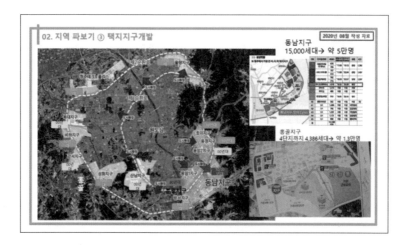

25 임장보고서 3단계
* 지역별 입지 분류하기

입지 결정 요소는?
– 인구, 교통, 학군, 직장, 공급

'부동산에서 가장 중요한 것은 입지!'라는 말은 누구나 알고 있을 것이다. 그렇다면 과연 아파트에서 좋은 입지란 무엇일까? 나는 많은 사람들이 살고 싶고, 갖고 싶어 하는 아파트라고 생각한다.

내가 전셋집이나 내 집 마련을 하면서 가장 중요하게 생각했던 것은, 회사 출퇴근 편의성(교통), 주차 편의성, 집의 내부 상태였다. 여기서 주차 편의성과 집 내부 상태는 아파트의 개별적인 컨디션이고, 교통이 입지라고 볼 수 있다.

만약 학령기 자녀가 있다면, 학원가와 자녀를 보내고 싶은 학교가 주변에 있는 아파트를 우선시할 것이고, 외식을 자주 한다면 주변에 상가가 잘 형성된 아파트를 선호할 것이다. 또한 퇴근 후나 주말에 산책하는 것을 좋아한다면 주변에 공원과 하천이 잘 정비된 아파트를 선호할 것이다. 이것이 아파트의 입지다. 나에게 학군, 상가, 공원이 크게 필요 없다고 해도, 일반적인 다수의 사람이 선호하는 입지의 아파트를 매수하는 것이 이후 가격 상승과 매도에 유리하다.

이미 많은 책과 강의에서 아파트의 입지를 결정하는 요소가 인구, 교통, 학군, 직장, 공급이라고 잘 설명하고 있어 이 요소들이 왜 중요한지에 대한 설명은 생략하겠다. 이 요소들 중에 어떤 요소가 가장 중요한지 물어본다면, 그것은 도시와 지역에 따라 차이가 있어 획일적으로 공식화하는 것은 어렵다.

① 인구 파악하기 – 부동산 지인

도시의 전체 인구 규모도 중요하지만, 이 도시의 인구수와 세대수가 증가하고 있는지, 감소하고 있는지도 수요량을 파악하는 데 중요하다. 그리고 해당 도시가 주변의 어느 도시와 인구 전출입이 활발한지, 즉 서로 영향을 주고받는지도 파악해 보자.

청주시의 경우, 세종시와 인구 전출입이 활발해 청주시에 입주가 없더라도, 세종시에서 아파트 입주가 많으면 청주시의 매매가와 전세가에 영향을 받을 수 있다. 이렇게 주변에 밀접한 영향을 주고받는 도시가 있다면, 향후 공급량을 파악할 때 밀접한 도시까지 함께 조사를 하면 좀 더 정확한 분석과 예측을 하는 데 도움이 된다.

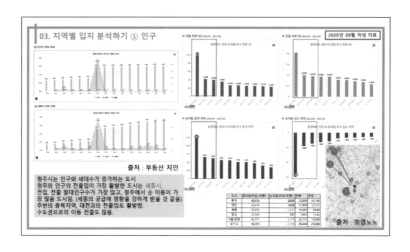

② 교통 파악하기 - 네이버 지도, 네이버 부동산, 아실

수도권은 지하철 위주로 파악하고 지하철이 없는 지방 도시는 도로와 철도 위주로 주요 지역, 직장과의 접근성을 파악한다. 도로 교통 위주의 도시는 IC의 위치도 파악해 보자.

동쪽에 산이 발달한 청주시 지형 특성상 도로와 철도는 서쪽으로 발달하였으며, 도시 내부는 충북 도청을 중심으로 세 개의 순환로가 있고, 경부·중부 고속도로, 그리고 KTX 경부·호남선이 지나는 오송

동쪽에 산이 발달한 청주 지형특성상 도로와 철도 역시 서쪽으로 발달.

도시 내부는 충북도청을 중심으로 에워싸는 세개의 순환로가 있고, 경부, 중부 고속도로 그리고 KTX경부/호남선이지나는 오송역이 있음

일반철도 충북선은 오근장역-청주역 -오송역-조치원역이 있음

천안-청주공항 복선전철 사업추진 중으로 천안~조치원역까지의 경부선 신설. 충북선에 청주공항역 추가한 형태 진행, 22년 완공 목표.

역이 있다. 오송역은 청주 시내와의 접근성은 다소 떨어진다.

　지하철, 도로 현황은 주로 네이버 지도를 참고하고, 진행 중이거나 예정된 교통망은 네이버 부동산과 아실, 뉴스 기사를 참고한다. 교통망 진행 현황은 계속 변동이 있으니 뉴스 기사를 통해 진행 상황을 계속 체크한다.

③ 학군 파악하기 – 아실(중학교 학업성취도)

　학군은 아실에서 중학교의 학업성취도 평가로 비교하였다. 청주의 경우 서원구의 산남중학교, 흥덕구의 솔밭중학교의 학업성취도가 90% 이상인 것을 볼 수 있다. 이 지역의 학군이 좋을 것으로 예상할 수 있다.

　학원가 현황은 호갱노노에서 지역별 학원 밀집도를 비교하였다. 많은 지역에서 중학교 학업성취도가 높은 학교 주변에 학원가가 다수

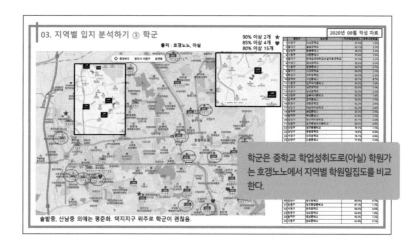

분포한 것을 확인할 수 있다. 중학교 학업성취도 점수가 높고, 학원가가 많이 위치한 곳, 이곳에 거주민의 선호도가 높은 아파트가 있을 확률이 높다.

④ 직장 파악하기 - 국가통계포털, 크레딧잡

직장 현황을 보기 위해 국계통계포털(kosis.kr-[온라인간행물]-[경제일반·경기/기업경영]) 자료를 확인한다.

청주의 경우 인구수 대비 종사자수는 43% 이상이며 대기업 비율도 0.072% 이상으로 우리나라 평균 종사자수 45%, 대기업 비중이 0.05%임을 감안하고 봤을 때 일자리 양이나 질이 양호한 편이다.

청주의 경우 대기업 일자리는 흥덕구에 많고 서원구는 청주 내에서 베드타운 성격이 강하다. 청주의 일자리는 제조업이 1순위로 높다.

대규모 중화학공업단지는 없지만 제조업이 많이 발달한 도시로 전

자, 화학, 식품, 제약 네 개 분야를 필두로 편리한 교통을 발판 삼아 각
종 대기업과 중소기업의 공장이 포진해 있다. SK 하이닉스, LG 전자,
삼성 SDI, 롯데푸드, 오리온, 해태, SPC 등 유명 기업들이 사업장을 두
고 있고, 바이오산업 특화 단지가 조성되며 오창읍과 오송읍에 각종
제약회사 공장들이 들어와 성장 동력으로 자리하고 있다.

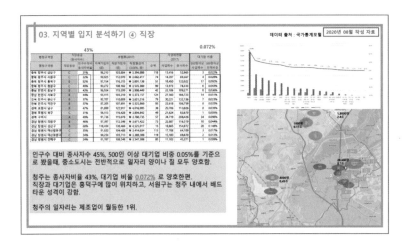

⑤ 공급 파악하기 - 부동산 지인, 아실

　공급도 앞에서 설명한 사이트와 앱을 통해서 쉽게 데이터를 찾아
비교할 수 있다. 여기서는 부동산 지인을 활용했다.

앞에서도 언급했지만 청주는 2020년 과잉 공급 이후 2022년 현재 적정 공급 상태다. 미분양도 거의 소진되었다. 반면에 청주시와 영향을 많이 주고받는 세종시는 2021년까지 공급 과잉으로 나타났다.

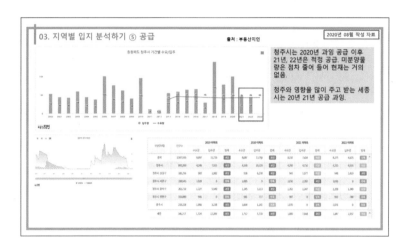

Ⅰ손품 결론Ⅰ 투자입지 순서 정하기

이렇게 지역별 입지 분류를 하는 이유는 해당 지역에서 입지별로 등급을 나누고(급지 분류) 좋은 지역부터 순서대로 투자처를 찾기 위해서다. 급지 분류를 할 때는, 동 단위 또는 택지지구 단위로 정하는 것이 좋다.

당시 나는, 대농지구 – 가경 – 홍골 – 율량 – 동남지구 – 테크노 – 개신 – 성화 – 산남동 순으로 투자하고 싶은 지역의 우선순위를 정했다.(이것은 시기마다, 개인마다 차이가 있을 수 있다.) 그리고 아직 지역에 직접 가서 본격적으로 둘러보기 전이므로 실제 발품을 파는 임장을 통해서

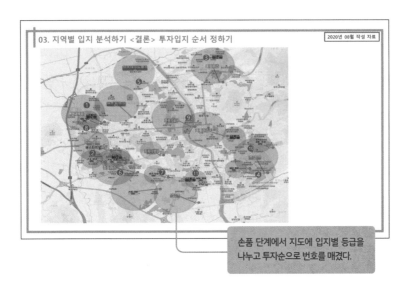

손품 단계에서 지도에 입지별 등급을
나누고 투자순으로 번호를 매겼다.

우선순위가 달라질 수도 있다.

예를 들어, 이런 조사 없이 내가 일곱 번째 순서로 꼽은 산남동의
아파트만 보고 실제 투자를 했다고 하자. 이후에 대농에서 더 좋은 아
파트를 더 좋은 가격에 투자할 수 있었음을 알게 되면 얼마나 후회가
되겠는가. 물론 투자를 하지 않은 것보다는 산남동에 투자한 것이 좋
다. 그리고 실제로 모두 조사하고 둘러봤지만, 대농에서 개신동까지
는 투자에 적절한 매물이 없어서 산남동에 투자할 수밖에 없을 수도
있다.

임장보고서를 쓰는 건 시간과 에너지 낭비가 아니다. 이러한 과정을
통해 투자금이 한정된 우리 같은 소액 투자자들이 투자 실력을 키우고,
내가 할 수 있는 최선을 다해 투자하기 좋은 매물을 찾는 과정이다.

26

임장보고서 4단계
* 발품 팔며 세부 내용 보강하기

직접 둘러본 후 세부 내용 보강하기

사전 조사를 모두 마치고 임장을 할 수도 있고, 기본 조사만 마치고 눈으로 직접 지역을 둘러보면서 세부적인 조사를 함께하는 것도 괜찮다. 나는 개인적으로 기본 조사(소위 손품이라고 하며, 인터넷에서 지역에 대한 개괄적인 정보와 데이터를 찾아서 분석)만 마친 후, 눈으로 지역을 보고 발품을 팔면서 세부 조사를 함께 하는 것을 선호한다. 그 방법이 지역을 이해하는 데 더 도움이 되었다.

세부 조사로는, 지역을 둘러보면서 상권 지역에서는 상권의 규모, 상가 구성 현황, 이용자 연령대, 활성도 등을 살펴보고, 아파트 밀집 지역에서는 주민들의 주요 연령대, 입주민들의 생활 수준, 지역의 분위기 등을 살펴본다. 동별로 아파트 단지와 주요 시설들을 표시하고,

임장하면서 본 것, 느낀 점 등을 적어 두면 이후에 투자 단지 선정에 많은 도움이 된다.

① 동별 세부 분석

나는 청주시 복대동과 비하동에 임장을 다녀온 후 다음과 같이 세부 내용을 보강했다.

복대동, 특히 대농지구는 청주의 강남
지웰시티 1차와 2차는 주복의 높은 현대식 건물과 현대백화점과 지웰시티몰 상권으로 상당히 고급스럽고 번화한 거리를 형성하고 있음. 직지대로 바로 건너로는 공장지대라는 것이 놀라움. 거리와 아파트 단지에도 어린아이와 젊은 사람들이 상당히 많음.

지웰시티 1, 2차를 제외하면 지웰홈스, 금호 어울림, 하트리움 등은 상권과
아파트 단지가 섞여 있어 정돈된 느낌은 아님.
가경천 아래로 형성된 하복대 구축 단지도 잘 형성된 택지지구지만 연식과
분위기에서 대농지구와 비교가 많이 됨. 그 아래로 형성된 상권은 생각보다
유흥 상권이 많음. 학원과 유흥 상권이 같이 형성되어 있음.

제2순환로를 기준으로 왼쪽 비하동은 도시 외곽 분위기가 많이 남. 대단지로
구성된 서청주파크자이 단지는 좋으나 주변 정리가 더 필요함. 중학교가 없음.

② 주요 단지 시세 흐름 파악

호갱노노에서 주요 단지의 매매가와 전세가 흐름을 함께 조사해
보면 지역의 단지별 입지, 선호도, 가격 흐름이 눈에 더 잘 들어온다.

주요 단지 거래가와 지도를 함께
표시하면 지역이 한눈에 들어온다.

③ 동별 전체 시세 조사

해당 동의 모든 아파트에 대해서 평형별로 연식, 세대수, 매매가, 전세가, 전세가율을 조사한다. 이때 가격은 거래 실거래가가 아니라, 실제 매물 가격으로 하는 것이 더 현실성이 있다. 그리고 투자 관심 단지를 표시해 둔다.

아래에서도 보면 매매가와 전세가가 동일해서 전세가율이 100%인 단지들도 있다. 이런 경우는, 매매가는 수리가 되지 않은 기본 집이고, 전세가는 특올수리가 된 매물의 가격일 확률이 높다. 이런 세부적인 것은 실제 중개소에 확인하고 매물 임장을 하면서 확인할 수 있다.

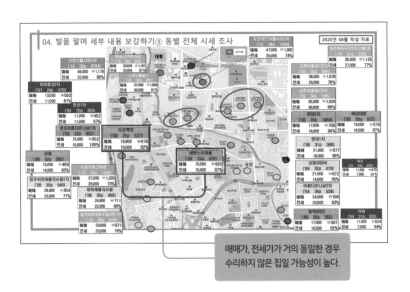

매매가, 전세가가 거의 동일한 경우
수리하지 않은 집일 가능성이 높다.

27 임장보고서 5단계
* 투자 기준 확인하기

사람에 따라 투자처는 달라진다

투자는 세상에서 가장 좋은 물건을 찾아내는 작업이 아니다. 가장 좋은 물건을 찾는다면, 아크로리버파크나 압구정 현대아파트에 투자하면 될 일이다.

투자는 내가 투자하기 가장 좋은 단지와 매물을 찾는 것이다. 개인에 따라 상황이 다르기 때문에 누구에게는 좋은 매물이 다른 사람에게는 아닐 수도 있다. 따라서 투자하기 전에 먼저 나의 투자 기준을 정해야 한다. 그러지 않으면 투자 물건을 선정하는 과정에서 계속 헷갈릴 수 있다.

가장 좋은 아파트 또는 가장 투자금이 적게 들어가는 아파트를 고르면 쉽지 않을까 생각할 수 있지만 좋다는 기준도, 거래 조건도, 그리고 매물별로 개별성이 다양하기 때문에 상당히 어려운 작업이다. 좋은 물건이 더 싸면 어려움이 적겠지만, 일반적으로 좋은 물건이 더 비싸기 마련이다. 투자 기준을 정해 두어도, 투자 기준을 벗어나는 물건이 더 좋아 보여서 기준을 살짝 어기고 싶은 유혹이 들기도 한다.

나만의 투자 기준에 맞는지 확인하기

나는 아래와 같이 투자 기준을 정해 두고 부적합 시에는 투자를 하지 않았다. 임장보고서를 쓸 때 각자 자신만의 투자 기준을 써놓고 이에 부합되는지 여부를 따져 타깃을 정해야 한다.

투자 기준

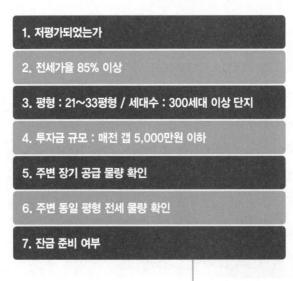

1. 저평가되었는가
2. 전세가율 85% 이상
3. 평형 : 21~33평형 / 세대수 : 300세대 이상 단지
4. 투자금 규모 : 매전 갭 5,000만원 이하
5. 주변 장기 공급 물량 확인
6. 주변 동일 평형 전세 물량 확인
7. 잔금 준비 여부

사람에 따라 투자 기준은 달라진다.

청주에서 39평 아파트가 평형을 제외한 모든 조건이 투자 기준에 들어왔고, 집 상태도 좋았으며, 전세 세입자도 대기 중이었다. 국민평형 33평형까지만 투자를 하는 이유는 전세와 이후 매도 수요층 때문이다. 30평대와 40평대는 수요층 자체가 다르다. 한두 채만 투자를 한다면, 대형 평수에 투자를 하는 것도 괜찮을 수 있다. 하지만 나는 두 자릿수 아파트 투자가 목적이었기 때문에 아직 경험과 자본이 충분하지 않은 상태에서 내가 세운 투자 기준을 어기고 투자하고 싶지 않아 결국 포기하였다. (해당 단지는 39평 이상 평형으로만 구성되어 있었다.)

호갱노노에서 해당 단지의 가격 흐름을 확인해 보면, 2020년 하반기에 투자를 했다면 1억원 이상의 매매가와 전세가 상승이 있었다. 이렇게 시간이 지나서 내가 투자했던 물건뿐만 아니라 검토하고 투자하지 않았던 물건들까지 함께 복기를 하면서 다음에 투자 기회가 왔을 때 어떻게 하는 게 좋을지 나의 투자 방향성을 수정해 나가면 된다.

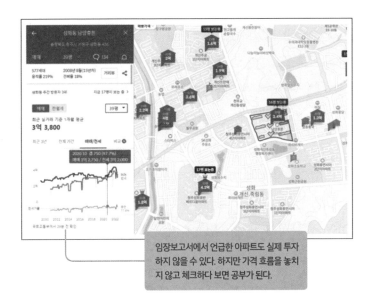

임장보고서에서 언급한 아파트도 실제 투자하지 않을 수 있다. 하지만 가격 흐름을 놓치지 않고 체크하다 보면 공부가 된다.

28 임장보고서 6단계
* 최종 투자처 정하기

좋은 급지 순으로 매물 선정하기

투자 기준에 들어오는 단지 중에, 네이버 부동산 앱에서 실제 매물을 선정하고 매물을 보았다. 이때 매물을 보는 순서는, 앞에서 나눈 급지 분류를 기준으로 좋은 급지부터 보면 된다.

1번 급지에서 투자 기준에 들어오는 매물이 있다면 투자를 한다. 그런데 1급지에서 이미 매매 가격이 많이 상승하였거나, 투자금이 벗어나 나의 기준에 들어오는 매물이 없다면, 다음 2급지에서 같은 방식으로 매물을 선정하면 된다.

시기에 따라 다르지만 보통 1급지에서는 소액 투자로 가능한 매물이 많지 않다. 그래서 어느 정도 매물을 보고 비교하는 것에 익숙해지면 1~3급지 정도로 지역을 묶어서 한 번에 매물을 보는 것도 좋다. 그

것이 매물 간 비교가 좀 더 쉬웠다. '오전에 본 매물보다 이 매물이 더 좋은데 가격이 더 싸네?' 이런 식이다.

같은 평형대 매물 비교 후 투자처 정하기

확인한 매물들을 모두 기억하고 머릿속으로 암산하듯이 비교할 수 없기 때문에, 일정한 양식을 만들어 기록하면 매물 간 비교가 수월하다. 이때, 서로 다른 평형을 섞어서 한 번에 비교하는 것보다 10평대는 10평대끼리, 20평대는 20평대끼리, 30평대는 30평대끼리 비교하는 것이 좋다.

어느 평형에 투자하는 것이 좋은지 물어본다면, 일반적으로 10평형보다는 20평형, 20평형보다는 30평형에 투자하는 것이 좋다. 평형별 가격 상승률을 보면 단번에 이해할 수 있다. 하지만, 30평형대는

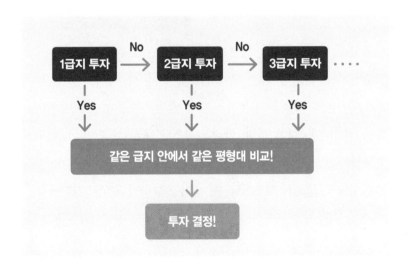

투자 기준에 들어오지 않고 20평형대만 투자 기준에 들어온다면, 포기하기보다는 20평형대라도 투자를 하는 것이 좋다. 다시 한 번 강조하지만, 우리는 가장 좋은 매물을 고르기 위해 이 작업을 하는 것이 아니다. 내가 투자할 수 있는 가장 좋은 물건을 찾아 실제 투자를 하는 것이 목적이다.

	매물번호	매물1	매물8	매물9	매물10	매물11	매물12	매물13	매물14
	행정동	북대동	북대동	북대동	북대동	북대동	북대동	북대동	율천동
	매물 본 날짜	2020-08-11	2020-08-11	2020-08-11	2020-08-11	2020-08-12	2020-08-12	2020-08-12	2020-08-12
아파트 정보	아파트명	금호어울림2차	아토리움2	아토리움2	자럴플로스	자럴2차	자럴2차	자럴2차	대원2차
	아파트 입주년월	'09.02	'18.11	'18.11	09.12	15.06	15.06	15.06	14.04
	세대수	566^	293^	293^	452^	1,956^	1,956^	1,956^	780^
	평형(공급면적)	34	31	31	34	34	34	34	33
	총보수								
	평단가	1,018	1,223	1,108	1,119	1,405	1,610	1,435	1,105
가격	매매가	35,000	37,500	34,000	37,500	48,000	55,000	49,000	36,500
	예상 전세가	30,000	28,000	20,000	30,000	30,000	35,000	32,000	27,000
	매매-전세(투자금)	5,000	9,500	14,000	7,500	18,000	20,000	17,000	9,500
	전세가율	86%	75%	59%	80%	63%	64%	65%	74%
매물 정보	계단식/복도식	계단식	계단식	계단식	계단식	계단식	계단식	계단식	계단식
	방/화장실 개수	3/2	3/2	3/2	3/2	3/2	3/2	3/2	3/2
	방향	남	남서	남서	남동	남동	남동	남동	남
수리 상태	현재수리 상태 추가 수리 필요 여부	수리불필요	수리불필요	수리필요	수리불필요	수리불필요	수리불필요	수리불필요	기본집 전체 수리 필요 (2000)
거래 특이 사항		공실 법인공투물건	세입자 만기 22년 6월	세입자 만기 22년 4월	주인거주	세입자 만기 23년 9월	주인거주 부분중	공실 전세 맞춰짐 만기 22년 8월	세입자 만기 22년 7월

최소 3순위까지 매수 후보를 정해 두자.

고심 끝에 1등 매물을 선정했다고 해서 반드시 그 매물에 투자할 수 있는 것은 아니다. 내가 고민하는 사이 이미 거래가 되었거나, 중간에 내가 미리 고려하지 못한 문제가 발생하여 실제 거래로 이어지지 못하는 사례는 빈번하다. 팔려고 물건을 내놓았지만, 막상 매수자가 나타나면 물건을 거둬들이는 매도자도 있다. 내가 가진 물건의 적정 가치를 잘 모르기 때문이다. 이때 너무 상심하지 말고 그다음 2번, 3번 매물에 투자를 시도하자. 그래서 최소 3등까지는 선정해 두는 것이 좋다.

나는 이렇게 3등까지 매물을 선정했지만, 청주시에 실제 투자를 진행하지는 않았다. 2020년 7월 10일 발표된 부동산 대책으로 다주택자는 취득세를 12.4% 내야 집을 매수할 수 있었다. 매수 가격이 3억원이라면 취득세로 3,600만원을 내야 하는 것이다. 당시 총 투자금 규모 3,000만~5,000만원으로 투자를 하는데, 취득세만으로 3,600만원을 내고 투자를 할 수가 없었다. 그런데 지금 복기해 보면, 그때 취득세 12.4%를 내고라도 매수를 하는 게 나았다.

새로운 대책이 나오고 일정 기간 동안은 투자 결정을 내리는 것이 쉽지 않다. 하지만, 2020년 말부터는 취득세 외 투자금 규모를 더 줄이고, 수익률 목표치를 좀 낮추어 취득세 12.4%를 내고 투자를 진행하였다. 투자 기준도 총 투자금 5,000만원에서 매전 갭 5,000만원으로 수정하였다. 투자자로서 원칙을 고수하는 것도 중요하지만, 투자로 인한 최종 수익금이 더 크다면, 시장에 맞게 기준을 수정하는 유연성도 필요함을 배웠다.

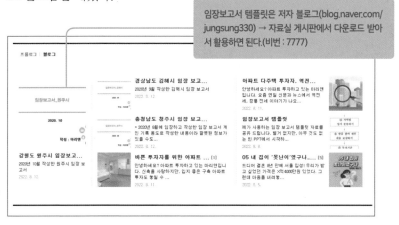

임장보고서 템플릿은 저자 블로그(blog.naver.com/jungsung330) → 자료실 게시판에서 다운로드 받아서 활용하면 된다.(비번 : 7777)

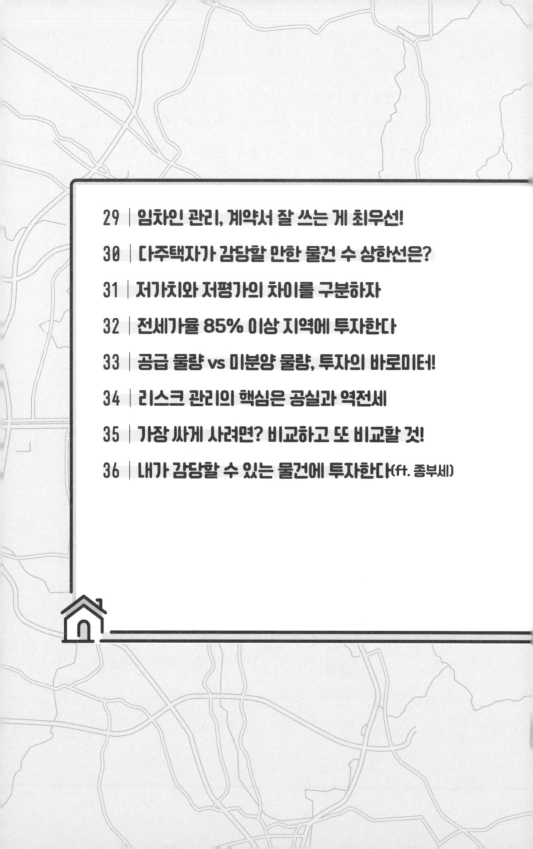

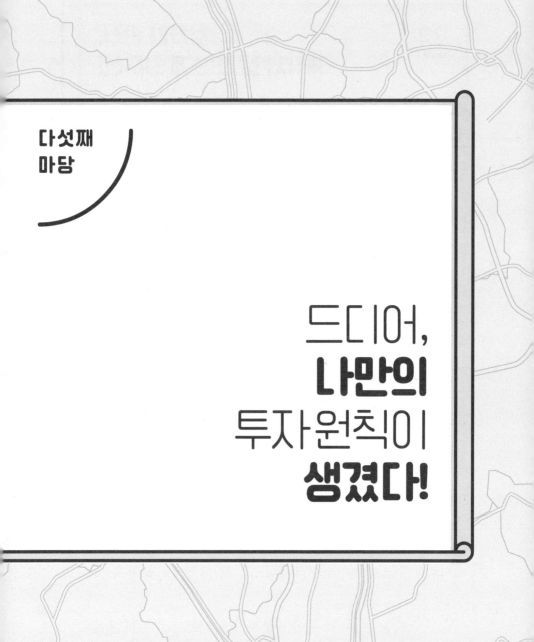

다섯째
마당

드디어,
나만의
투자원칙이
생겼다!

29

임차인 관리,
계약서 잘 쓰는 게 최우선!

다주택자의 임차인 관리법

집 한 채만 소유하고, 그 집에서 평생 거주하는 것이 아니라면, 우리는 모두 임차인이나 임대인이 되어 본 경험이 있다. 나 또한 스무살에 홀로 상경해서 원룸 월세, 다가구·빌라 전세, 반전세, 결혼 후두 번의 전세까지 임차인으로 많은 임대인을 만났다. 나는 어떤 임차인이었을까? 깔끔한 성격은 아니라 집을 아주 깨끗하게 쓰지는 않았지만, 그래도 많이 신경 쓰이게 하지 않고, 월세도 미리 잘 내는 양호한 임차인이었다고 생각한다. 우리가 만난 임차인들도 우리와 크게다르지 않다. 나도 현재 여러 세대의 임차인이 있지만, 모두 좋은 분들이다.

간혹 임차인으로부터 '시간 되실 때 연락 부탁드립니다.'라는 연락을 받으면, 또 무슨 일인지 걱정이 되는 건 사실이다. 대부분은 보일러 고장 등으로 인한 10만원 내외의 수리가 필요한 경우였다. 나는 임차인의 문자를 받으면 확인 즉시 연락을 하고, 불편한 사항을 확인하면 바로 해결하려고 노력한다.

전세 계약서 특약 문구가 분쟁 최소화!

때로는 무리한 요청을 하는 임차인도 있다. 그것은 전세 임대 시장의 특성상 책임 소재에 대한 불명확한 기준 때문이라고 생각한다. 그래서 임차인 거주 시 발생할 수 있는 문제에 대해 전세 계약서에 최대한 자세히 기술하고, 계약 시에 구두로도 설명하고 동의를 구한다.

다음은 내가 계약서에 작성하는 특약 문구이다. 그리고 임차인 입주전에 최대한 수리를 진행해 이후에 발생할 수 있는 문제를 예방한다.

> **<전세 계약 특약 문구 예시>**
> 1. 현 시설 상태에서의 임대차 계약이며, 기본 시설 파손 시 임차인은 원상 복구하기로 한다.(자연 마모 제외)
> 2. 전기, 수도, 가스 등의 노후로 인한 수선은 임대인이, 사용상의 부주의로 인한 수선 및 소모품 수선, 관리 소홀로 인한 곰팡이 결로에 대한 배상은 임차인이 하기로 한다.
> 3. 임차인은 만기 4개월 전 이사 여부를 미리 통보하고, 부동산 방문에 적극 협조하기로 한다.

4. 임차인은 본 아파트를 사용함에 있어 벽걸이 TV 등과 같은 콘크리트 타공
   이 필요한 경우 임대인의 동의를 얻는다.

5. 집안 흡연을 금지한다.

임차인이 한두 명이 아니기 때문에 수리 요청이 며칠 사이에 몰려서 올 수도 있다. 특히 누수 같은 문제는 간단히 해결되지 않을 수도 있다. 이럴 때 '왜 하필 이런 일이 나에게 일어났을까' 하며 매도인이나 임차인 탓을 하는 것은 도움이 되지 않는다. 사업을 하다 보면 언제든지 발생할 수 있는 '일상적인 일'이며, '해결해야 할 일'로 생각하고 해결책을 찾아보자. 그래야 불필요한 스트레스를 줄일 수 있다.

30 다주택자가 감당할 만한 물건 수 상한선은?

연봉 1억 월급쟁이도
2,000만원 세금을 내는데…

"다주택자 세금 엄청 많이 낸다는데, 빨리 다 팔아야 하는 거 아냐?"

"이제 집으로 돈 버는 시대는 끝났다는데, 너 어떡해?"

내가 다주택자라는 사실을 아는 지인들의 걱정이다. 결론부터 이 야기하면, 고맙지만 연예인 걱정은 하는 게 아닌 것처럼, 다주택자 걱 정은 하지 않아도 된다.

사람들의 걱정도 이해는 된다. 신문 기사에서 3주택만 되어도 개인 이 감당할 수 없는 보유세(재산세+종합부동산세)를 계산해서 보여 준다. 그 런데 예시로 든 그 아파트들은, 서울 강남의 매매가 20억원이 훌쩍 넘 는 아파트다. 내가 소유한 아파트는 그런 아파트가 아니다.

새벽부터 출근해서 야근에 회식까지 하는 많은 월급쟁이들의 로망은 억대 연봉이다. 세전으로 연봉 1억원을 받는다고 하면 얼마의 근로소득세를 내는지 아는가? 세전 근로소득 1억원은 근로소득세 과세표준 35% 구간이니, 1억원의 35%인 3,500만원에서 누진공제액 1,490만원을 제외하면 약 2,000만원이다.

나의 대부분의 시간을 다 쏟고 받는 연봉 1억원에서 2,000만원 세금은 괜찮고, 부동산 자산으로 버는 1억원의 소득에서 2,000만원 세금은 그렇게 아까울까?

종부세도 금액별로 세금 요율이 있어 무한정 자산을 늘리면 감당하기 어려워질 수 있다. 하지만, 일반적인 월급쟁이 월급으로 투자할 수 있는 범위에서는 감당할 수 있는 수준이다. 그리고 그 이상의 자산을 가지는 수준이 되면 해결할 수 있는 돌파구도 함께 찾을 수 있으리라 믿는다.

현재 대한민국 사회에서 다주택자가 되면 모든 혜택에서 제외된다. 아니, 굳이 다주택자가 아니어도 맞벌이 부부만 되어도 많은 혜택에서 제외된다. 소득 요건으로 청약이나 저금리 대출에서 제외되었고, 심지어 코로나 지원금 대상에서 제외되기도 했다. 하지만, 그런 혜택을 받겠다고 한 명이 일을 그만두거나, 기준 금액 이하로 자진해서 연봉을 낮추지는 않을 것이다. 낮은 소득으로 받는 혜택보다 기준보다 높은 소득으로 인한 이익이 더 크기 때문이다.

나는 다주택자도 같은 이치라고 생각한다. 다주택자는 현재 취득세 중과, 보유세 중과, 양도세 중과이다. 대출도 대부분 제약이 있다.

하지만, 나에게 이러한 세금 중과를 피하거나 대출을 받기 위해 무주택 또는 1주택으로 돌아가겠느냐고 물어본다면 당연히 아니다.

사람마다 다르겠지만…
수도권과 지방 비율은 4대 6, 장기와 단기 비율은 5대 5

막연히 규제를 우려하거나 피하려고 하지 말고, 규제에도 불구하고 내가 얻는 혜택과 규제로 인해 내가 감당해야 하는 불이익을 비교해서 나에게 더 이익이 되는 선택을 하면 된다. 그렇다고 규제는 모두 무시하고 내 갈 길을 가라는 뜻은 아니다. 자산이 증가함에 따라 규제로 인해 내가 받을 영향도 커지며 때로는 소급 적용도 하기 때문에 규제가 나올 때마다 잘 체크하고 그로 인한 영향과 앞으로의 투자 방향을 결정하는 데에도 고려하고 있다.

나도 더 이상 자산을 늘리면 보유세 감당이 어려워진다. 그래서 다섯 개 이상 투자 물건이 넘어가면서 투자 물건을 결정할 때, 수도권과 지방, 그리고 장기와 단기 투자 물건 비율을 정해 놓고 투자를 진행하였다.

나는 수도권과 지방 물건의 비율이 4대 6이며, 장기와 단기 투자 물건의 비율은 5대 5이다. 투자 물건의 절반은 앞으로 4년 이내 매도가 목표다. 물론 이 방향은 앞으로의 시장 상황에 따라 언제든지 수정될 수 있다. 내일 수정하더라도, 스스로의 분석을 통해 시뮬레이션하고 목표와 방향성을 정해 두는 것이 투자자로의 자세라고 생각한다.

31 저가치와 저평가의 차이를 구분하자

저평가, 어떻게 판단할 수 있을까?

우선 저평가 개념부터 생각해 보자. 저평가! 듣기만 해도 가슴 설레는 단어다. 저평가라는 단어에는 실제는 더 가치 있지만 현재 어떤 이유로 가치가 낮게 책정되어 이후에 제 가치와 가격을 찾아가면 큰 수익을 안겨 줄 것이라는 의미가 내포되어 있다.

어디서 많이 들어 봤을 것이다. 투자의 귀재 워런 버핏이 이야기한 '투자자가 할 일은 우량 자산을 비싸지 않은 가격에 사서 기다리는 것' 즉 가치 투자와 일맥상통한다.

그리고 저평가와 함께 고려할 개념은 저가치다. 저가치는 저평가와 달리 실제로 가치가 없어 가격이 싸거나 싸진 것이다. 나는 저평가라고 생각해 투자를 했는데, 실제로는 저가치 물건일 수가 있다. 현장에 나가면 이 매물이 과연 저평가인지 저가치인지 판단하기 쉽지 않을 수 있다.

과거의 그래프가 답을 알려 줄까?

투자 검토를 하면서 매매가 변동 그래프를 기계적으로 볼 때가 있다. 하지만, 이 그래프는 그냥 그려진 것이 아니다. 누군가가 실제로 아파트를 팔고 산 거래 하나하나의 점이 모여 그래프를 이룬 것이다.

2007년도에 11억원 하던 아파트를 2013년도에 7억 5,000만원에 왜 팔았을까? 11억원의 가치인 줄 알지만 돈이 급해서 팔았을 수도 있다. 아니면, 거래 가격이 떨어지는 추세를 보고 앞으로 가격이 더 떨어질 수도 있으니 7억 5,000만원이라도 받자는 생각으로 팔았을 수도 있

다. 그러면 7억 5,000만원에 산 사람은 왜 샀을까? 더 떨어질 수도 있지만, 그래도 이 정도면 저렴하다고 판단했을까? 바닥을 귀신같이 알고 샀을까? 나는 과연 11억원 하던 아파트가 7억 5,000만원이 되면 저평가되었다고 판단하고 과감하게 살 수 있을까?

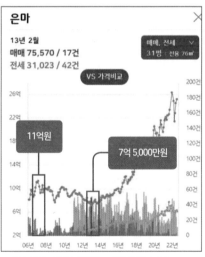

▲ 은마 아파트 매매가 전세가 그래프 (출처 : 아실)

현재 '이 물건이 저평가되었다'라는 것은 다수의 사람들이 저가치라고 생각하는 시기다. 나 또한 투자 초기에 특히 지방에서 좋은 입지의 좋은 아파트가 저렴한 가격에 매물로 나와 있는 것을 많이 접했다. 그리고 헷갈렸다. 이 매물은 과연 저가치인 것인지, 저평가인 것인지. 내가 저가치라고 생각했던 수많은 아파트들이 1~2년 후 나를 비웃듯 가격이 상승했다. 그제야 '아, 그때가 저평가였구나!' 하고 후회했다. 하지만, 그런 시기가 있었기에 저평가된 지역과 물건을 보는 안목을 차츰 쌓을 수 있었다. (실제로 그 물건들을 다 매수할 투자금도 없었다.)

지역별로 제각각, 저평가 아파트는 따로 있다!

아파트 투자에서 저평가 판단이 어려운 또 다른 이유는, 지역별 위상이 다르기 때문이다. 예를 들어, 서울과 부산의 아파트 가격 중 어디가 더 비쌀까? 서울일까? 서울의 A 아파트의 가격은 8억원이고, 부산의 B 아파트의 가격이 10억원이라면, 서울 A 아파트가 저평가된 것일까?

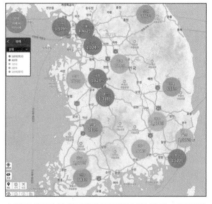

▲ 전국 시도별 아파트 평단가와 가격 분위 (출처 : 부동산 지인 2022년 6월)

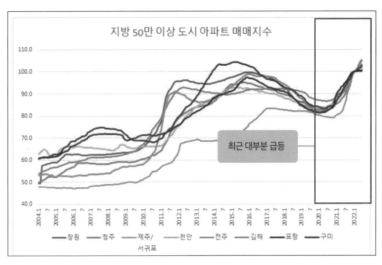

▲ 중소도시 매매 가격 흐름 비교 그래프 (데이터 출처 : KB부동산 월간 동향)

위 그래프에서 보는 것처럼 현재 많은 지역이 2~3년간 상승했고, 주요 지역들은 저평가되었다고 보기 어렵다. 하지만 지금도 저평가 지역, 단지, 매물을 찾을 수 있다. 지역별 흐름이 다르기 때문에 상대적 저평가 지역은 항상 있다.

저평가 지역 선정하는 순서

내가 저평가 지역을 선정하는 순서는 다음과 같다.

① 입지 비교로 지역별 위상을 먼저 파악한다.
② 지역별 매매가와 매매 흐름 그래프를 확인한다.
③ 최근 2~3년간 매매가가 30% 이상 급등하지 않은 지역(하락했거나, 보

합이거나, 초반 소폭 상승)에서 위상 대비 가격이 낮은 지역을 선정한다.

지역별 위상의 판단이 어렵다면, 우선은 시단위 인구수를 기준으로 비교하는 것이 좋다. 비슷한 인구수를 가진 도시들 중에, 아파트 매매 평단가와 최고가 아파트 가격을 비교하여 상대적인 저평가 지역을 판단할 수 있다. 이 부분은 마지막 부록에서 실제 예시(227쪽)를 들어 설명하겠다.

32 전세가율 85% 이상 지역에 투자한다

실거주 선호도 파악은 전세가와 전세가율로!

아파트 투자를 할 때 매매가만큼 고려하는 것이 있다. 바로 전세가이다. 전세가와 전세가율이 높다는 것은 그만큼 실제 거주자들이 선호하는 아파트라는 뜻이다. 그리고 나와 같은 아파트 전세 투자자(갭투자자)에게는 전세가율이 바로 투자금과 직결되어 있다.

투자 지역을 선정할 때 적어도 전세가율이 75% 이상, 가급적 85% 이상 지역에서 선정하는 것이 좋다.

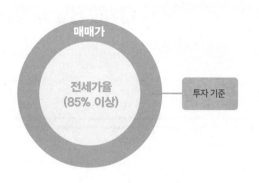

최근 매매가 상승으로 현재 전세가율이 75% 이하인 지역이 많다. 또한 지역 전체와 개별 단지의 전세가율에는 차이가 있기 때문에, 투자하기 전에 지역을 먼저 선정한 후 개별 매물별로 다시 확인해야 한다. 예를 들어 울산의 전세가율이 74%라고 하자. 하지만 울산의 모든 아파트 단지의 전세가율이 74%는 아닐 것이다. 따라서 매물별로 꼼꼼히 살펴볼 필요가 있다.

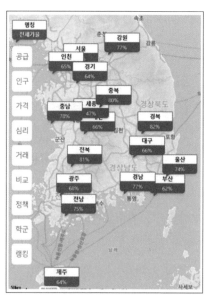

▲ 전국 시도단위 전세가율 (출처 : 아실 2022년 7월)

왜 월세 투자 대신 전세 투자를 하는가?

월세 투자는 매달 월세라는 현금 흐름이 발생하는 것에 비해, 전세 투자는 매달 현금 흐름이 발생하지도 않고, 또한 역전세라는 리스크도 있다. 그런데 왜 전세 투자를 하는 것일까?◆

첫 번째는, 투자금을 줄이고 수익률을 높이기 위해서다.

현재 나의 현금 보유 수준에서 월세 투자는 대출 없이는 불가능한데, 규제지역에서는 다주택자 주택담보대출이 안 되며, 비규제지역에서도 일정 부분 제약이 있다. 따라서, 금융권의 대출이 없이도 소액으로 투자가 가능한 방법이 전세 레버리지 투자이다. 앞서 〈셋째마당〉 투자 사례에서도 살펴보았듯이, 투자금 규모가 작을수록 수익률이 높은 것은 당연한 이치다.

두 번째는, 인플레이션에 따른 전세금 상승으로 목돈의 투자금 회수가 가능하기 때문이다.

나도 부천 아파트 세입자 퇴거 이후 새로운 임차인을 들이면서 기존보다 9,000만원의 전세금을 올려 받아, 기존 투자금(3,500만원) 회수는 물론, 추가 투자까지 진행할 수 있었다. 현재는 임대차법으로 2년 전세 만기 후 기존 임차인에게는 전세금을 5% 이내로만 상향할 수 있지

◆ 이미 투자 상품을 아파트로 정했기 때문에, 월세 수익률은 낮지만 시세 차익이 큰 아파트 투자와 시세 차익은 상대적으로 적지만 월세 수익률이 높은 수익형 투자인 오피스텔 등과의 투자 비교는 논외로 한다.

만, 올해 초 평촌 아파트 전세금 5% 상향만으로 1,400만원의 투자금을 회수하였다. 물론 매번 전세금을 상향할 수 있는 것은 아니다. 지역 내 공급 과잉으로 인한 전세금 하락과 역전세는 장기 투자에 있어 숙명과도 같다. 역전세를 리스크로만 보고 피하려고 하지 않고, 투자 지역의 공급량을 잘 살펴 역전세가 예상된다면 어느 정도 현금 보유를 통한 대비를 하면 된다.

세 번째는 임차인 관리가 쉽기 때문이다.

따박따박 나오는 월세는 많은 직장인들의 로망이다. 하지만, 월세 투자 시 매달 정해진 날짜에 월세가 잘 들어오는지 확인하고, 비교적 잦은 이사에 공실 리스크가 높고 사소한 집수리에도 더 신경을 써야 한다는 것은 잘 모를 것이다. 사실 나는 아직까지 얼굴도 모르고, 통화도 해보지 않은 임차인도 있다. 내가 무심하다고 생각할 수도 있지만, 그만큼 전세 임차인과 연락이 필요한 일이 없다는 뜻이기도 하다.

이제는 우리나라도 아파트 임대 시장에서 전세가 줄어들고 반전세 또는 월세로 가고 있다고들 이야기한다. 하지만 아직까지는 전세 매물이 줄어드는 것이 임차인의 수요 변화라기보다는 임대인의 선호 변화라고 생각한다. 하지만 더 세월이 흘러 전세 수요가 줄고 월세가 수요가 월등히 우세해지거나, 일정하고 정기적인 임대 소득이 필요한 시기가 되면 전세 임대를 차츰 반전세 또는 월세로 전환하여 운용하는 플랜도 가지고 있다. 전세와 월세 임차는 시장과 나의 상황에 따라 융통성 있게 운용할 수 있다.

33 공급 물량 vs 미분양 물량, 투자의 바로미터!

대구 사례 - 공급 물량 수요의 두 배, 미분양 물량 증가

임장보고서를 작성하면서 청주시의 연도별 입주 물량과 매매, 전세가율의 흐름을 보았다. 아파트 시장도 수요와 공급 법칙을 따른다고 했다. 지역에 공급량이 많으면 매매 가격이 떨어지고, 공급량이 적으면 가격이 오른다.

신축 아파트는 시장 분위기에 따라 영향을 많이 받지만, 괜찮은 입지에서 너무 고분양가가 아니라면 아파트 분양 시 대부분 높은 경쟁률로 분양이 완료된다. 하지만 분양 공급 물량이 일정 수준을 넘어서면 더 이상 분양 희망자가 없고, 미분양으로 남는다. 2022년 7월 현재 대구 시장이 이러한 현상을 잘 보여 준다.

대구의 연도별 아파트 공급 물량을 보면, 2020년도 적정 수요량을 살짝 넘어서지만 2021년부터 2024년까지 적정 수요량을 크게 넘어서는 공급량을 확인할 수 있다. 특히 2023년은 적정 수요[◆]의 두 배가 넘는다.

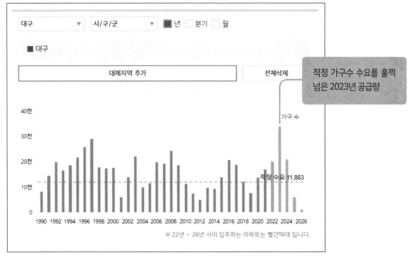

▲ 대구 연도별 아파트 공급량 (출처 : 아실)

이번에는 미분양을 살펴보자. 2019년 말에 거의 소진되었던 미분양 물량이 2021년부터 차츰 쌓이고 있는 것을 확인할 수 있다. 2022년 5월 기준 현재 대구의 미분양 호수는 6,800호이며, 건설사 요청으로 정확한 미분양 물량이 집계되지 않은 것까지 감안하면 이보다 많은 미분양 물량이 있을 것으로 예상된다.

....

◆   적정 수요량은 인구수의 0.05%로 계산하며, 일반적으로 통용되는 수치임

이번에는 매매 · 전세가 추이를 살펴보자. 대구는 2020~2021년 단기간 매매가와 전세가 모두 급등하였으며, 2022년 미분양 물량 증가와 함께 매매가 전세가 모두 하락하고 있다. 경험과 투자금이 많은 준비된 투자자에게는 대구 시장이 기회가 될 수도 있겠지만, 초보 투자자에게는 위험한 시장일 수 있다.

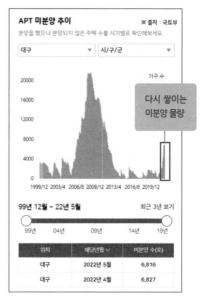

▲ 대구시 연도별 미분양 물량 (출처 : 아실)

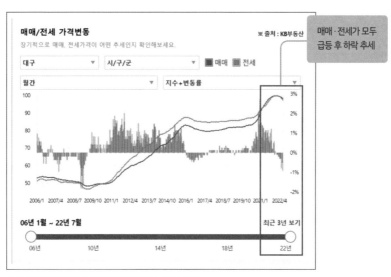

▲ 대구시 연도별 매매 · 전세 가격 변동 그래프 (출처 : 아실)

미분양 물량과 향후 3년간 공급 물량 확인은 필수!

투자 지역 선정 시, 현재 미분양 물량과 향후 3년간의 공급 물량을 확인하고, 미분양 물량도 적고 향후 3년간 공급 물량이 수요량보다 적은 지역을 선정하는 것이 안정적이다. 하지만, 시장이 좋으면 공급 물량은 언제든지 증가할 수 있다는 점은 유념해야 한다.(적어도 6개월 단위로 체크, 업데이트 필요)

34 리스크 관리의 핵심은 공실과 역전세

공실 - 전세금 욕심은 버리고 세입자 구하는 게 최선!

아파트 전세 투자자(갭투자)에게 리스크는 무엇일까? 내가 생각하는 가장 큰 리스크 첫 번째는 바로 공실이다. 공실이란, 전세가 나가지 않아 집을 빈 채로 두는 것이다. 대출을 받아 잔금을 냈다면 대출금 이자가 계속 나갈 것이고, 여유 자금으로 잔금을 냈다면 이자는 나가지 않겠지만 소중한 투자금이 묶여 이후 투자 활동이 어려운 상태이다. 전세는 지역과 시기에 따라 변화가 큰 시장이기 때문에 예측이 어렵다.

전세가 잘 나가지 않을 때는 높은 전세금을 계속 고집하기보다는 계획보다 투자금이 더 들어가더라도 전세금을 낮춰 빨리 전세 세입자를 들이는 것이 여러모로 유리하다.

역전세 - 유동성 악화, 그래도 공실보다 낫다

두 번째 리스크인 역전세는, 전세 2년 만기 이후 전세금이 오르는 것이 아니라 오히려 낮아지는 것이다.

예를 들어, 3억원에 전세를 놓았는데, 2년 후 2억 7,000만원으로 전세 시세가 떨어지는 것이다. 전세금 상승만을 기대하고 투자했다면 정말 청천벽력 같은 상황이 될 수 있다. 하지만, 주변 입주가 많아 전세 물량이 많다면 충분히 발생할 수 있는 상황이다.

이런 경우, 기존 임차인이 계약 연장을 희망한다면 임차인과 협의하여 전세가를 설정하고 재계약에서 낮아진 전세금 차액을 돌려준다. 그리고 기존 임차인이 이사를 희망한다면, 시세에 맞춰 세입자를 들이고, 전세가 차액은 집 소유자가 부담해야 한다. 만약 이 경우 시세가 2억 7,000만원인데 내가 계속 3억원의 전세금을 고집한다면, 내 집은 계속 공실로 남게 될 것이다.

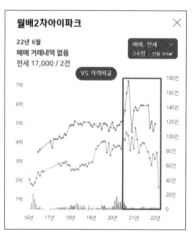

▲ 대구시 달서구 유천동 월배아이파크 2차 아파트 (출처 : 아실)

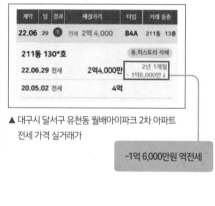

▲ 대구시 달서구 유천동 월배아이파크 2차 아파트
전세 가격 실거래가

-1억 6,000만원 역전세

옆의 그래프와 표는 대구 달서구의 한 아파트의 매매가와 전세가 변동 그래프이다. 앞서 설명한 바와 같이 대구는 많은 입주 물량으로 매매가와 전세가가 모두 하락하고 있다. 211동 130*호는 2020년 5월에 4억원에 전세를 주었다가, 2022년 6월에 2억 4,000만원으로 전세 가격을 낮춰 전세 계약을 했다. 2년 1개월 만에 전세금 1억 6,000만원을 돌려준 것이다.

다주택자라면 투자 물건을 지역별로 분산할 것

따라서 이러한 상황에 대비해서 가급적 공급이 수요 대비 지나치게 많은 지역 투자를 피해야 하고, 만약 피할 수 없다면 장기 투자에서 필연적으로 발생할 수 있는 상황임을 받아들이고 여유 자금을 일부분 마련해 두어야 한다.

많은 채수의 투자를 목표로 한다면, 투자 물건을 한 지역으로 모으는 것보다 지역을 분산하는 것도 방법이 될 수 있다. 어떤 지역은 역전세지만 또 다른 지역은 전세금이 상승하여 그 상승으로 역전세를 대비할 수 있다.

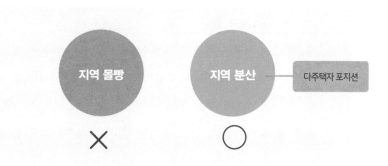

35 가장 싸게 사려면? 비교하고 또 비교할 것!

할 수 있는 한 계속 가격을 비교하라

우리가 인터넷에서 물건을 구매할 때 가장 싸게 사는 방법은 무엇일까? 많은 판매처의 가격을 비교하는 것이다. 모든 물건을 가장 싸게 판매하는 사이트가 있다면 얼마나 좋을까. 하지만 그런 사이트는 아직 찾지 못했다. 어떤 물건은 A 사이트가 최저가이고, 어떤 물건은 B 사이트가 최저가이다. 비슷비슷할 것 같지만, 예상 외로 가격 차이가 큰 것을 보고 놀랄 때가 있다.

그렇다면 초보 투자자가 실패 확률을 낮추는 가장 쉬운 방법은 무엇일까? 바로 지역과 매물을 많이 비교하는 것이다. 물론 전국을 모두 공부하고 투자를 시작하려고 한다면 실전 투자까지 몇 년이 걸릴지 알 수 없다. 하지만 지역의 입지와 위상, 저평가 여부는 비교를 통해

서만 알 수 있다.

한 달에 한 지역씩,
여섯 개 지역 공부한 후 첫 투자 시작

나는 투자 공부를 시작하고, 한 달에 한 지역씩 공부했다.(규모가 큰 부산이나 대구 같은 지역은 두세 달씩 걸리기도 했다.) 그러면 3년이면 대략 30개 이상의 지역을 공부할 수 있다.

첫 투자는 여섯 개 지역을 공부한 후에 진행했다. 서울과 수도권 몇 지역만 알 때는 부천의 가격이 싼지, 부천의 아파트가 저평가인지 몰랐는데, 지방 광역시와 중소도시 몇 군데를 공부하고 비교하니 부천의 가격이 싸 보이고 저평가된 것에 확신을 가질 수 있었다.

다시 한번 강조하지만, 투자는 내가 아는 것 중에서 내가 할 수 있는 가장 좋은 물건에 투자하는 것이다. 2020년 말 원주시를 공부하면서, 김해시 투자를 하고 잘했다고 뿌듯해하고 있을 때, 다른 투자자들은 부산의 주요 입지에 투자하고 나의 몇 배의 수익을 얻었다. 2014년 내가 경기도 인덕원과 안양 지역을 돌아다니며 집을 알아보고 있을 때, 서울에 집을 매수한 사람들은 몇 배의 수익을 얻었다.

내가 투자하고 싶은 물건이 좋은지, 저평가인지 잘 모르겠다면 다른 매물, 다른 단지, 다른 지역과 비교해 보자. 그렇게 하려면 내가 아는 지역을 많이 늘리고 지속적으로 모니터링을 해야 한다.

36   내가 감당할 수 있는
물건에 투자한다
(ft. 종부세)

1차 목표 – 종부세 내지 않는 한도 내에서 투자하기

부동산 투자의 진입 장벽 중에 하나가 세금이다. 여기서 세금에 대해서 모두 설명할 수는 없고, 대표적으로 보유 시 세금에 대해서 간략하게 언급하겠다.

재산세는 지방세이고, 종합부동산세(이하 종부세)는 국세이며, 개인이 별도로 신고하거나 작성할 것은 없다. 6월 1일을 기준으로 보유하고 있는 부동산에 대해서 재산세는 7월과 9월, 종부세는 12월에 집 소유주의 주민등록상 주소지로 고지서가 발부된다. (3주택 이상 임대를 줄 경우, 종합소득세 납부 대상이며, 이는 별도로 신고 및 납부가 필요하다. 하지만, 전세 임대는 소득세 금액이 크지 않으므로 여기서는 따로 언급은 하지 않는다.)

	주택가격 공시	재산세	종부세
1월 하순	• 표준단독주택 가격 공시		
3월 중순~4월 초	• 공동주택 공시가격 열람, 의견 청취		
4월 말	• 공동주택 가격 결정·공시 • 개별단독주택 가격 결정·공시		
6월 1일		• 과세 기준일	• 과세 기준일
7월 16~31일		• 재산세 1/2 납부	
9월 16~30일		• 재산세 1/2 납부	• 합산배제 신고
12월 1~15일			• 종합부동산세 신고·납부

▲ 주택보유세 세무 일정

주택재산세 계산 방법은?

과세표준(공시가격의 60%) × 세율 - 누진공제액

과세표준	세율	누진공제액
6,000만원 이하	0.1%	없음
6,000만원 초과~1억 5,000만원 이하	0.15%	3만원
1억 5,000만원 초과~3억원 이하	0.25%	18만원
3억원 초과	0.4%	63만원

▲ 주택재산세 계산 방법과 세율표

2021년 이후 종합부동산세 세율 <개인>

주택(일반)		주택(조정2, 3주택 이상)		종합합산토지분		별도합산토지분	
과세표준	세율(%)	과세표준	세율(%)	과세표준	세율(%)	과세표준	세율(%)
3억원 이하	0.6	3억원 이하	1.2	15억원 이하	1	200억원 이하	0.5
6억원 이하	0.8	6억원 이하	1.6	12억원 이하	1.2		
12억원 이하	2.2	45억원 이하	2	400억원 이하	0.6		
50억원 이하	1.6	50억원 이하	3.6				
94억원 이하	2.2	94억원 이하	5.0	45억원 초과	3	400억원 초과	0.7
94억원 초과	3.0	94억원 초과	6.0				

▲ 주택 종합부동산세 세율표

　나의 1차 목표는 종부세를 내지 않는 공시지가 합 6억원 이내에서 투자하는 것이다. 기혼자라면 부부 각각 6억원이기 때문에 12억원까지 투자가 가능하다. (명의를 나눠서 한 채씩 투자해도 되고, 모든 물건을 부부 공동 명의로 해도 된다. 부부 공동 명의 시 과정상 조금의 불편함이 있지만, 양도소득세가 절세된다.)

　그리고 결정해야 한다. 종부세를 내고 투자를 이어나갈 것인지, 일단 멈출 것인지.

2차 목표 - 감당 가능한 종부세 한도 내에서 투자하기

우리 부부는 자산과 소득을 기준으로 부부 합산 보유세(재산세+종부세) 2,000만원, 최대 3,000만원까지 감당 가능하다고 판단하고 투자를 진행했다. 예상보다 2022년 공시지가가 더 많이 올라 내가 예상한 2,000만원을 초과했다. 다행히 정부의 정책에 변화가 있어 다시 금액이 하향 조정되었고, 지금도 더 낮아질 가능성이 있다.

만약 종부세 내는 것이 아까워 투자를 멈추었다면 억울했을 수도 있다. 그리고 또 배웠다. 정부의 정책은 언제든지 변할 수 있기 때문에 너무 정책에 맞추어 투자할 필요는 없겠구나. 내가 감당 가능한 범위를 설정해 두고, 그 범위 안에서 나의 투자 기준과 목표에 따라 투자하면 되는구나. 예측하지 말고, 감당 가능 범위를 정해 그 안에서 움직이고, 변화된 상황에 대응하면 되는구나.

아직 이번 사이클은 끝나지 않았고, 나 또한 아직 한 사이클도 제대로 겪지 않은, 지금도 한참 배우고 공부하는 투자자이다. 앞으로 5년 후, 10년 후 내가 진행한 투자를 통해 내가 어떤 결론을 내리고 어떤 통찰을 얻을 수 있을지 기대된다.

나만의 투자 노선을 찾아서

내가 가진 돈으로 최선의 투자를 하려면?

많은 분들이 부동산에 관심을 가지기 시작하는 계기는 투자보다는 실거주 마련이다. 나 또한 실거주 아파트를 먼저 마련하고, 갈아타기를 하면서 부동산 투자에 관심을 가졌고 투자를 시작했다. 실거주 아파트도 매수하고, 투자도 하고, 돈이 무한정 많다면 걱정이 없겠지만 그런 사람이라면 이 책을 읽지 않을 것이다.

우리는 한정된 자원과 자금으로 최대의 효율을 내야 한다. 그리고 우왕좌왕하지 않기 위해 어느 정도 투자 공부를 하고 나면 나의 노선을 정해야 한다. 투자 물건을 보면서 실거주를 먼저 마련해야 하지 않을까, 또는 실거주 집을 알아보면서 투자를 먼저 해야 하지 않을까 고민하면 안 된다.

노선 1 - 실거주 갈아타기

많은 투자 서적과 강의에서 실거주와 투자는 구분을 하고, 실거주 집을 먼저 마련하는 것보다는 투자부터 하는 것을 권장한다. 투자 효율의 측면에서는 100% 동의한다. 그리고 직장 위치 등의 이유로 내가 거주해야 하는 지역이 부동산 투자로 적합하지 않은 곳일 수도 있다. 하지만, 내가 거주해야 하는 지역이 투자 측면에서도 나쁘지 않고, 특히 학령기의 자녀가 있고, 실거주 안정성을 추구하는 성향이라면 실거주 집을 마련하는 것도 추천한다. 세상에는 효율성보다 더 소중한 가치들도 있다.

다만, 이때는 내가 살 수 있는 가장 좋은 지역의 가장 좋은 아파트를 살 것을 권장한다. 지금 5,000만원 차이가 상승기를 거친 후에 1억~2억원의 차이로 벌어지는 것을 쉽게 볼 수 있다. 그리고 지금은 이 아파트를 사면 10년, 20년 살 것 같지만 그렇지 않다. 나도 첫 번째 실거주 집에서 4년밖에 살지 않을 것이라고 생각하지 못했다. 언제든지 더 좋은 지역의 더 좋은 아파트로 점프할 수 있다는 생각을 가지고 계속 다음 이사 갈 집을 탐색하고 기회를 엿보아야 한다. 그렇게 서울 강남과 같은 주요 지역에서 비과세를 받으며 갈아타기만 잘해도 충분히 은퇴 준비를 할 수 있다.

노선 2 – 거주와 투자 분리, 투자에 올인

앞서 이야기한 것과 같이, 자본금이 많지 않은 우리 같은 월급쟁이들은 최대한 자원을 효율적으로 사용해야 한다. 그런 의미에서 특히 사회 초년생이라면 더욱 내 집 마련보다는 투자부터 시작하는 것이 유리하다.

20대 후반, 30대 초반의 사회 초년생이 언제 결혼하게 될지, 언제 다른 지역으로 발령이 날지 모르는데 가진 돈으로 모두 투자를 결정하는 것이 쉽지 않을 수 있다. 또한 한 채를 투자하고 나면 다시 투자금을 모으는 데에 6개월 또는 1년 이상 걸릴 수도 있다.

우리가 소액 투자로 한두 채 투자를 잘해서 부자가 되거나 은퇴 준비를 마치는 것은 불가능하다. 1년, 3년 안에 끝내야지 하는 생각이 아니라, 지금부터 차근차근 공부하고 익혀서 남에게 휘둘리는 근로소득자가 아니라 자본주의 시장을 이해하고 투자자로 성공하겠다는 마음을 가져야 롤러코스터 같은 투자 시장에서 오랜 기간 꾸준한 수익을 얻으며 살아남을 수 있다고 생각한다.

노선 3 - 실거주 마련 후 투자

자본이 차고 넘친다면 좋은 실거주 집도 마련하고 투자도 하면 된다. 나는 운이 좋아서 첫 실거주 집을 매도하고 비과세로 2억원 이상의 시세 차익을 손에 넣을 수 있었다. 그때 소위 전문가에게 자문을 구했다.

어떤 분은 마곡 주변에서 원플러스원(1+1)으로 두 채의 아파트를 받을 수 있는 재개발 예정인 빌라를 사서 몸테크*를 하라고 했다. 단, 이미 구역 지정이 되어 진행 중인 곳은 가격이 비싸니 구역이 해제된 곳을 사서 다시 구역 지정이 될 때까지 기다리라고 했다.

어떤 분은 송파에서 내가 살 수 있는 가장 좋은 아파트를 풀 대출을 끼고 사라고 했다. 어떤 분은 실거주는 회사 근처에 월세나 전세대출을 받아 구하고, 나머지 목돈으로 모두 투자를 하라고 했다.

모두 좋은 조언이고, 각각을 실행했다면 현재 많은 시세 차익을 얻을 수 있었을 것이다. 그런데 당시 우리는 당장 서울에 아파트를 가지고 살고 싶었고, 현재의 안정적인 거주 여건도 중요했다. 그리고 투자도 하고 싶었다. 그래서 아무도 추천하지 않은 방법을 선택했다.

◆ 재개발 예정인 빌라를 매수하고 직접 들어가서 재개발이 진행될 때까지 사는 것. 재개발 예정인 빌라는 거주 여건이 좋지 않아 임대를 놓기도 어렵고 임대를 놓는다고 해도 임대가가 낮다.

서울에서 둘 다 출퇴근이 편한 위치에 대출금을 최소(1억원 이하)로 매달 상환 부담을 줄인 조건에서 우리가 매수할 수 있는 가격의 아파트를 사서 실거주를 하고, 둘의 월급을 열심히 모아 아파트 투자를 시작했다. 실거주 아파트에 입주 후 통장 잔액은 '0원'이었다. 내가 투자 공부를 하고 실제 투자까지 1년의 시간이 걸린 이유가 좋은 투자처를 찾지 못한 것도 있지만, 투자금이 부족했던 것이 더 큰 이유였다.

우리 실거주 아파트는 역세권이지만, 경사가 꽤 높은 곳에 위치하고, 주변에 근린 상가가 부족한 2005년식 아파트다. 앞서 설명한 투자하기 좋은 입지 조건에서 부족한 점들이 많은 아파트다. 하지만 서울 주요 지역에 위치하고, 한강 조망에 한강 접근이 용이하며, 남편과 나 둘 다 출퇴근이 편리하고 거주 만족도가 높은 곳이라 판단하고 매수를 결정하였다. 지금까지 시세 상승은 서울 평균 시세 상승 정도이다. 송파 아파트를 매수했으면 평균을 훨씬 웃도는 시세 상승을 얻었을 것이다. 하지만, 그에 따른 보유세 부담과 나의 월급은 모두 원리금 상환에 들어가 투자는 꿈도 꾸지 못했을 것이다.

그리고 대출을 받아 전세로 들어가고, 나머지 투자금을 모두 투자에 올인했다면 아마 자산이 지금의 두 배 정도 되었을지도 모른다. 어떻게든 방법을 찾았겠지만, 그래도 매년 하늘 높은 줄 모르고 오르는 서울 아파트 전세금, 유주택자에 대한 전세 대출 규제, 거주 불안정에 지금보다 행복감이 낮을지도 모른다.

내가 잘했고, 내가 한 방법이 가장 좋다는 이야기를 하고 싶은 것이 아니다. 가장 좋고 효율적인 방법은 전문가가 잘 추천해 줄 수 있다. 하지만 나의 여건과 목표, 라이프스타일, 삶의 만족도에 대해서는 내가 가장 잘 알고 잘 판단할 수 있다.

나는 객관식 시험에서 정답을 잘 찾는다. 소위 시험에 강한 스타일이다. 인생의 갈래 길에서도 항상 가장 좋은 정답을 찾고 선택하고 싶었다. 그리고 내가 선택한 길이 과연 정답이었는지, 다른 길이 더 좋지 않았을지 뒤돌아보고 의심했다. 때로는 선택에 책임을 지기 싫어 선택을 포기하거나, 남에게 미루고 이후에 남 탓을 하기도 했다. 하지만 인생도 투자도 정답 선택 후 바로 동그라미나 가위표가 쳐지는 객관식 시험이 아니었다.

박웅현 작가의 《여덟 단어》에서 인생과 투자의 태도에 큰 통찰을 얻은 문구로 마무리한다.

인생에 정답은 없어요.
정답으로 만들어가는 과정만 있을 뿐입니다.
(중략)
어느 하나를 선택하고, 그 선택을 옳게 만들려면
지금 있는 상황에서 무엇이 최선인지
생각하고 실천하는 게 제일 좋은 답이에요.

성연경

부록

▲ <부록>에 수록된 임장보고서 자료는 저자 블로그(blog.naver.com/jungsung330) → 자료실 게시판에서 다운로드 받아서 활용하면 된다.(비번 : 7777)

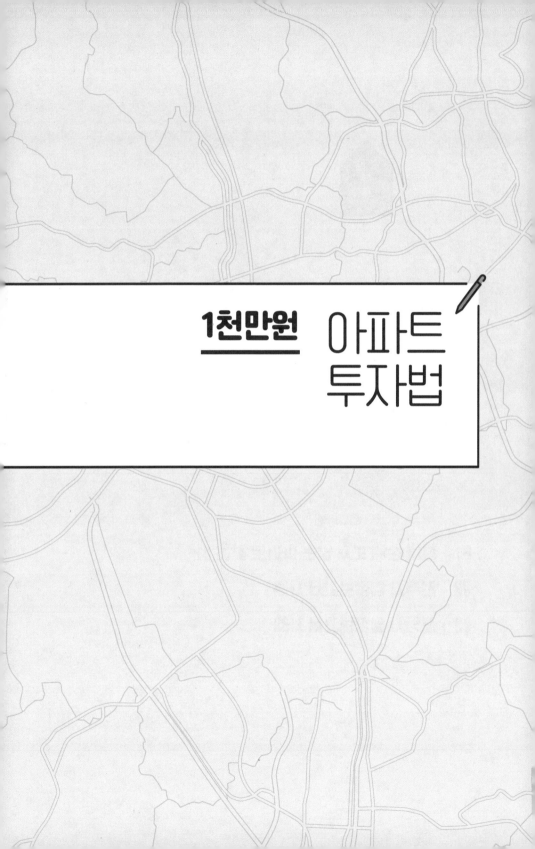

1천만원 아파트 투자법

부록

1천만원
아파트
투자법

01 | 절대 손해 보지 않는 아파트 찾는 법
(ft. 저평가, 전세가율, 입주 물량)

투자 판단 1 저평가 지역 파악하기

현재 시점(2022년 7월)에서 투자하기 좋은 지역을 선정하고 그 지역에 대한 분석까지 함께 진행해 보겠다.

서울 수도권은 지역에 따라 차이가 있지만, 전체적으로 매매 가격이 높고 전세가율이 낮아 소액 투자에 적합하지 않다. 따라서 서울 수도권을 제외한 6대 광역시부터 차례로 살펴보겠다.

투자는 ① 인구수가 많은 지역부터 고려하는 것이 좋다. 그런 다음
② 지역별 매매 지수를 비교하며 현재 가격 구간이 저평가인지 고평가인지를 파악하고,
③ 매매 평단가와 지역의 최고가 아파트 가격을 비교하여 저평가 여부를 다시 살펴보겠다.

앞으로 자세히 살펴보겠지만, 저평가 지역 판단(186쪽)은 최근 3년간 매매가가 보합 내지 하락한 지역 또는 30% 이상 급등하지 않은 지역을 1차적으로 찾으려고 했다. 하지만, 인구 30만 이상 도시에서 현재 그런 지역은 찾기 어렵다. 따라서 매매가가 이미 상승했지만, 그래도 다른 지역에 비해 상승률이 낮아 아직 상승 여력이 있는 지역을 찾는 데에 중점을 두었다.

1 │ 6대 광역시 지역별 매매 지수 비교

6대 광역시인 부산, 인천, 대구, 대전, 광주, 울산의 2000년도부터 매매 지수의
흐름을 그래프로 나타내었다. 시기에 따라 보합이나 단기적인 하락도 있었지만,
장기적으로는 우상향한다. 도시별로 차이가 있지만 2020년 이후로 매매가 급상
승을 하였으며, 2022년 상반기에는 대전, 인천, 대구의 그래프가 살짝 꺾인 것을
볼 수 있다.

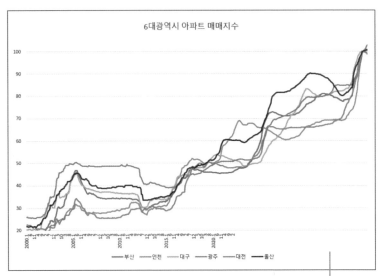

▲ 6대 광역시 아파트 매매 지수 흐름 비교 (데이터 출처 : KB부동산 월간 시계열)

KB부동산 자료에 대한 설명은 86쪽 참고

2 | 6대 광역시 최고가 아파트 비교

각 지역의 최고가 아파트의 2022년 실거래가를 비교하였다.(전용 84m², 일반적으로 32평형) 부산의 최고가 아파트 가격이 17억원대임에 비해, 인천과 대구의 최고가 아파트의 가격이 대전과 동일한 13억원대인 것은 두 지역의 가격이 지역의 위상 대비 낮다고 볼 수 있다.

위 두 가지 자료를 통해 다른 광역시에 비해 인천과 대구의 가격이 저평가된 것으로 평가할 수 있다. 광주시도 저평가로 분류할 수 있다.

인구수 / 금액	부산	인천	대구	대전	광주	울산
	335만명	300만명	238만명	145만명	144만명	112만명
17억원	트럼프 월드센텀 (2006)					
16억원						
15억원						
14억원						
13억원		송도 센트럴파크 푸르지오 (2015)	범어 센트레빌 (2020)	스마트시티 (2008)		
12억원						
11억원						
10억원					봉선 제일풍경채 (2016)	문수로 아이파크 (2013)

▲ | 6대 광역시 최고가 아파트 실거래가 비교(전용 84m², 일반적으로 32평형) (데이터 출처 : 아실)

3 | 인구 50만 이상 중소도시 비교

다음은 인구 50만 이상인 지방 중소도시를 비교해 보았다. 여기서도 2019년 하반기 이후 모든 지역의 매매가가 가파르게 상승하였으며, 2021년 하반기부터 지역별로 흐름을 달리하고 있음을 알 수 있다.

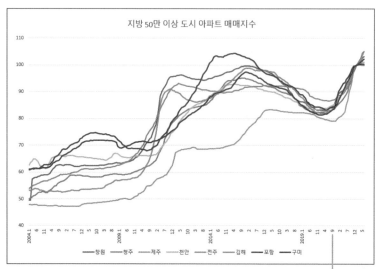

▲ 50만 이상 도시 아파트 매매 지수 흐름 비교(데이터 출처 : KB부동산 월간 시계열)

KB부동산 자료에 대한 설명은 86쪽 참고

4 | 인구 50만 이상 최고가 아파트 비교

지역 랜드마크 아파트 가격에서는, 충북 청주시의 두산위브지웰시티 2차의 가격이 7억원대이며, 청주시보다 인구가 적은 천안시가 8억원대, 전주시와 김해시가 7억원대인 것과 비교하면 청주시의 가격이 저평가 구간이라고 판단할 수 있다. 경북 포항시도 김해시, 구미시와 비교했을 때, 저평가라고 판단할 수 있다. 따라서 인구 50만 이상 도시에서는 청주시, 포항시가 저평가되었으며, 전주시도 저평가로 분류할 수 있다.

인구수 / 금액	경남 창원시	충북 청주시	제주도	충남 천안시	전북 전주시	경남 김해시	경북 포항시	경북 구미시
	103만명	85만명	67만명	66만명	66만명	54만명	50만명	41만명
11억원	용지 아이파크 (2017)							
10억원			e편한세상 연동 센트럴파크 (2023)					
9억원								
8억원				천안불당 지웰더샵 (2016)				
7억원		두산위브 지웰2차 (2015)			전주 효천대방 노블랜드 에코파크 (2020)	연지공원 푸르지오 (2022)		
6억원								
5억원							포항자이 (2018)	도량 롯데캐슬 골드파크 (2019)

▲ 50만 이상 도시 최고가 아파트 실거래가 비교(전용 84m², 일반적으로 32평형) (데이터 출처 : 아실)

5 │ 인구 30만 이상 중소도시 비교

다음은 지방 30만 도시이다. 50만 도시와 유사한 양상으로 2019년 하반기 이후 급상승 후 현재는 지역별로 상이한 흐름을 보인다.

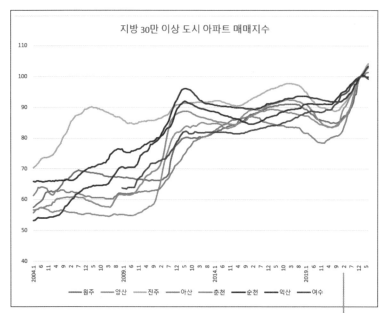

▲ 30만 이상 도시 아파트 매매 지수 흐름 비교 (데이터 출처 : KB부동산 월간 시계열)

KB부동산 자료에 대한 설명은 86쪽 참고

6 | 인구 30만 이상 최고가 아파트 비교

도시별 랜드마크 아파트 가격 비교에서 원주시와 익산시의 가격이 눈에 띈다. 이렇게 비슷한 체급인 도시들 간의 매매 지수 흐름과 랜드마크 아파트 가격 비교를 통해 어느 지역이 저평가 구간인지 1차적으로 판단할 수 있다.

인구수 / 금액	강원 원주시	경남 양산시	경남 진주시	충남 아산시	강원 춘천시	전남 순천시	전북 익산시	전남 여수시
	35만명	35만명	34만명	31만명	28만명	28만명	28만명	28만명
8억원		양산대방노블랜드 (2018)	진주혁신대방노블랜드 (2018)	한들불빛도시지웰시티푸르지오 (2022)	춘천센트럴타워푸르지오 (2022)			
7억원								
6억원								여수웅천꿈에그린 (2019)
5억원	원주더샵센트럴파크 (2022)					중흥S클래스에듀하이 (2020)		
4억원							e편한세상어양 (2015)	

▲ 30만 이상 도시 최고가 아파트 실거래가 비교(전용 84m², 일반적으로 32평형) (데이터 출처 : 아실)

투자 판단 ② 매매·전세 평단가, 전세가율 비교하기

다음은 매매 평단가, 전세 평단가, 전세가율을 살펴보겠다. 도시를 인구 순서대로 나열하고 매매 평단가를 함께 비교하면, 인구수와 매매 평단가가 어느 정도 비례함을 알 수 있다. 그리고 중간중간 평단가가 높거나 낮아 튀는 도시들이 있다.

대구, 광주, 청주, 포항, 구미, 원주, 익산의 매매 평단가가 낮으며, 제주도, 양산, 진주, 춘천의 평단가가 높다. 반드시 도시의 인구수와 매매 평단가가 비례해야 하는 것은 아니다. 전통적으로 제주도와 진주는 집값이 높았다. 실제 투자를 진행할 때는 이러한 지역별 특성도 감안해야 하지만, 현재 우리는 부동산 초보자가 데이터를 이용해 지역을 선정하는 방법에 대한 개론을 공부하고 있으므로 데이터만으로 평가하겠다.

그다음으로 봐야 할 게 전세가율이다. 가능하면 전세가율 85% 이상 지역, 그리고 단지별 편차가 있으므로 75% 이상 지역에서 선정하는 것이 좋다.

투자 판단 ③ 입주 물량 비교하기

매매가 저평가와 전세가율로 지역을 선정하였다면, 다음은 입주 물량을 봐야 한다. 창원시와 제주도, 전주, 진주시는 2022~2024년 3년간 수요량 대비 입주 물량이 현격히 적은 지역으로 이 지역은 앞으로 매매가와 전세가가 상승할 확률이 높다. 반면 인천, 대구, 양산, 아산은 수요량 대비 입주량이 200%가 넘어 매매가와 전세가가 모두 하락할 가능성이 높은 지역이다.

	매매가(만원)	전세가(만원)	전세가율	인구수(명)	세대수(세대)	적정물량 (호/1년)	22년 입주량(호)	23년 입주량(호)	24년 입주량(호)	3년간 수요 대비 입주 비율(%)
부산	1,522	933	61%	3,336,737	1,556,938	16,684	26,039	21,836	13,779	123%
인천	1,587	1,037	65%	2,957,066	1,313,975	14,785	42,754	46,867	23,180	254%
대구	1,179	830	70%	2,375,306	1,070,705	11,877	21,563	37,088	23,609	231%
대전	1,324	900	68%	1,448,401	670,279	7,242	10,308	3,762	11,552	118%
광주	1,077	775	72%	1,435,378	650,131	7,177	15,938	5,031	5,457	123%
울산	1,075	830	77%	1,115,609	48,552	5,578	4,083	9,042	4,455	105%
경남 창원시	1,136	844	74%	1,026,749	456,089	5,134	1,079	3,936	3,923	58%
충북 청주시	876	745	85%	849,003	391,641	4,245	4,027	6,665	4,918	123%
제주도	1,816	1,083	60%	678,012	310,265	3,390	373	841	418	16%
충남 천안시	899	717	80%	657,214	301,238	3,286	3,662	5,104	8,292	173%
전북 전주시	860	728	85%	654,421	295,124	3,272	3,397	1,073	64	46%
경남 김해시	814	667	82%	536,175	227,834	2,681	814	4,537	2,409	96%
경북 포항시	710	666	94%	499,854	232,603	2,499	-	3,332	11,348	196%
경북 구미시	651	585	90%	409,555	183,785	2,048	581	1,610	4,873	115%
강원 원주시	770	602	78%	359,596	167,510	1,798	882	2,122	2,457	101%
경남 양산시	878	662	75%	353,886	154,728	1,769	2,120	2,800	5,567	198%
경남 진주시	951	796	84%	345,303	158,594	1,727			1,638	32%
충남 아산시	774	615	79%	330,516	149,551	1,653	5,393	8,708	1,698	319%
강원 춘천시	862	671	78%	285,907	132,351	1,430	2,048	402	1,597	94%
전남 순천시	728	618	85%	280,195	125,064	1,401	1,800	2,497	2,522	162%
전북 익산시	638	573	90%	276,140	130,431	1,381	1,263	900	3,349	133%
전남 여수시	763	546	72%	275,544	128,705	1,378	2,481	1,081	-	86%

▲ 도시별 매매 평단가, 전세 평단가, 전세가율과 수요 대비 입주 물량 비교 (데이터 출처 : 부동산 지인)

투자 결론 │ 저평가, 전세가율, 입주 물량 세 가지 조건에 부합하는 도시는?

저평가, 전세가율, 입주 물량, 이 세 가지 조건이 모두 부합하는 도시가 1번으로 고려할 도시이다. 여기서 순서가 중요하다. 저평가 구간 중에서, 전세가율이 높고, 입주 물량이 적은 도시를 선정해야 한다.

저평가 구간이 아닌데 전세가율이 높아 투자금이 적게 들어간다고 투자를 하거나, 저평가도 아니고 전세가율도 높지 않은데 단순히 앞으로 입주가 적어서 가격이 오를 것으로 기대하고 투자를 진행하면 실패 확률이 높다.

아쉽게도 우리가 살펴본 광역시, 인구 50만 이상 도시, 인구 30만 이상 도시에서는 이 세 가지 조건을 모두 부합하는 도시가 없다.(투자가 이렇게 쉽지 않다.) 원주시가 저평가에, 전세가율 78%와 입주 물량 101%로 후보지로 선정할 수는 있지만, 전세가율 78%로 소액투자 가능 물건을 찾기가 쉽지 않을 수 있다.

나는 이런 상황에서는, **저평가 구간에 전세가율도 85%로 높고 입주 물량이 123%로 과하지 않은 청주시를 1번으로 고려하겠다.** 그리고 신축 아파트가 많

225

저평가 지역	전세가율 높은 지역		입주물량 적은 지역	
인천 광역시	경북 포항시	94%	제주도	16%
대구 광역시	경북 구미시	90%	경남 진주시	32%
광주 광역시	전북 익산시	90%	전북 전주시	46%
충북 청주시	충북 청주시	85%	경남 창원시	58%
경북 포항시	전남 순천시	85%	전남 여수시	86%
강원 원주시	전북 전주시	85%	강원 춘천시	94%
전북 익산시	경남 진주시	84%	경남 김해시	96%
경북 구미시	경남 김해시	82%	강원 원주시	101%
	충남 천안시	80%	울산 광역시	105%
	충남 아산시	79%		
	강원 원주시	78%		
	강원 춘천시	78%		

▲ 데이터 출처 : 아실, 부동산 지인

아 매매 평단가에서는 크게 저평가로 평가되지 않았지만, **매매가가 비교적 저렴하고 전세가율이 85%, 입주 물량이 46%인 전주시를 2번으로 고려하겠다. 매매가가 저렴하고 전세가율이 94%인 포항시도 투자로 매력적인 도시이다.** 그러나 입주 물량이 200%에 육박해 입주가 마무리되는 시점까지 매매가와 전세가 하락이 우려된다.

하지만 이것은 다르게 표현하면 이 지역을 앞으로 잘 지켜보고 있으면 더 저렴하게 매수할 수 있는 기회를 잡을 수도 있다는 뜻이다. 따라서 입주가 있다면 어디에 언제 있는지 잘 살펴보고 계속 기회를 노려볼 수 있다. 그런 의미에서 전주시와 포항시 두 도시에 대해 함께 지역을 분석해 보겠다. (청주시는 본문 참고) 다시 한번 강조하지만 저평가는 상대적인 개념이기 때문에, 시기에 따라 계속 변화할 수 있기에 지역 자체보다 어떻게 지역을 선정하고 선정한 도시를 어떻게 분석하는지 방법에 대해 알아 두면 좋겠다.

|1단계| 지역 정하기

앞서 살펴보았듯이 전주시는 인구수에 비해 최고가 아파트의 가격이 상대적으로 낮고, 매매가 평균 가격이 낮아 저평가되었다고 판단할 수 있고, 전세가율은 85% 이상이며, 향후 3년간 수요 대비 입주 물량 비율이 45%로 낮아 현재 투자처로 가능성이 있는 도시다.

01. 지역 정하기 — 전주시는 인구수에 비해 최고가 아파트의 가격이 상대적으로 낮고, 매매가 평균이 낮으면서 전세가율은 85%이상이며, 향후 3년간 수요대비 입주 비율이 46%인 전주시가 현재 투자처로 가능성이 있음.

	매매가(만원)	전세가(만원)	전세가율	인구수(명)	세대수(세대)	적정물량(호/1년)	22년 입주량(호)	23년 입주량(호)	24년 입주량(호)	3년간 수요 대비 입주 비율(%)
부산	1,522	933	61%	3,336,737	1,556,938	16,664	26,039	21,836	13,779	123%
인천	1,587	1,037	65%	2,957,066	1,313,975	14,785	42,754	46,867	23,180	254%
대구	1,179	830	70%	2,375,306	1,070,705	11,877	21,563	37,088	23,609	231%
대전	1,324	900	68%	1,448,401	670,279	7,242	10,308	3,762	11,552	118%
광주	1,077	775	72%	1,435,378	650,131	7,177	15,938	5,031	5,457	123%
울산	1,075	830	77%	1,115,609	48,552	5,578	4,083	9,042	4,455	105%
경남 창원시	1,136	844	74%	1,026,749	456,089	5,134	1,079	3,936	3,923	58%
충북 청주시	876	745	85%	849,003	391,641	4,245	4,027	6,665	4,918	123%
제주도	1,816	1,083	60%	678,012	310,265	3,390	373	841	418	16%
충남 천안시	899	717	80%	657,214	301,238	3,286	3,662	5,104	8,292	173%
전북 전주시	860	728	85%	654,421	295,124	3,272	3,397	1,073	64	46%
경남 김해시	814	667	82%	536,175	227,834	2,681	814	4,537	2,409	96%
경북 포항시	710	666	94%	499,854	232,603	2,499	-	3,332	11,348	196%
경북 구미시	651	585	90%	409,555	183,785	2,048	581	1,610	4,873	115%
강원 원주시	770	602	78%	359,596	167,510	1,798	882	2,122	2,457	101%
경남 양산시	878	662	75%	353,886	154,728	1,769	2,120	2,800	5,567	198%
경남 진주시	951	796	84%	345,303	158,594	1,727	-	-	1,638	32%
충남 아산시	774	615	79%	330,516	149,551	1,653	5,393	8,708	1,698	319%
강원 춘천시	862	671	78%	285,907	132,351	1,430	2,048	402	1,597	94%
전남 순천시	728	618	85%	280,195	125,064	1,401	1,800	2,497	2,522	162%
전북 익산시	638	573	90%	276,140	130,431	1,381	1,263	900	3,349	133%
전남 여수시	763	546	72%	275,544	128,705	1,378	2,481	1,081	-	86%

데이터 출처 : 부동산지인

세부 데이터를 확인할 수 있는 전주시 임장보고서는 저자 블로그 자료실에서 다운로드 받을 수 있다. (비번 : 7777)

1 | 주요 시설 파악하기

지도 앱의 스카이뷰 사진을 통해 도시의 지형과 확장 가능성, 주요 시설들의 위치를 살펴본다. 역, 터미널, 주요 택지지구, 주요 도로 등을 지도에 직접 표시해 보면 도시를 한눈에 파악할 수 있다.

2 | 택지지구 개발 현황(주거지 형성과정)

각 도시별 도시기본계획 자료와 택지정보지도 서비스(map.jigu.go.kr/map.do) 사이트에서 택지지구 개발 현황을 확인할 수 있다. 전주시는 동쪽의 구도심에서 서쪽, 북쪽으로 도시가 개발, 확장하고 있음을 알 수 있다. 또한 도시 전체가 평탄하고 지역간 연계가 잘 되어 있으며 전체 지역이 비교적 평준화되어 있다.

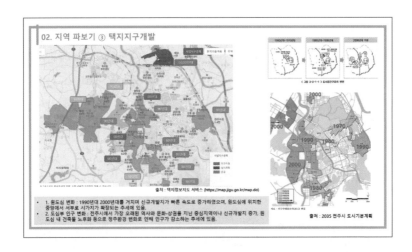

|3단계| 지역별 입지 분류하기

1 | 인구

전주시는 2017년부터 2021년까지 급격하게 인구수와 세대수가 증가하였으며 (에코시티와 혁신도시의 입주 영향), 전주시와 인구 이동이 가장 활발한 도시는 인접한 전북 완주군과 익산시이다. 특히 익산시로부터의 인구 유입이 많다.

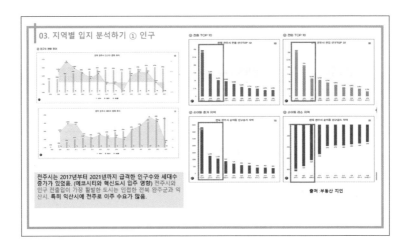

2 | 교통

전주시는 서쪽을 호남고속도로가, 동쪽을 순천완주고속도로가 통과하며, 각각 전주 IC, 동전주 IC를 통해 시내 접근이 가능하다. 새만금-전주 고속도로가 현재 공사 중이며, 2024년 준공을 목표로 하고 있다. 이 도로가 완공되면 동서간 이동 이 원활할 것으로 기대된다. 또한 전주시는 비교적 넓지 않고 교통망이 잘 되어 있어 시내 지역간 이동이 원활한 편이다.

3 | 학군

중학교 학업 성취도 평가를 기준으로 성적이 좋은 학교의 위치와 주요 학원가의 위치를 확인한다. 학군과 학원가 모두 송천동, 서신동, 중화산동이 우세함을 알 수 있다.

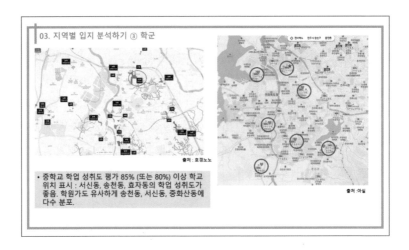

03. 지역별 입지 분석하기 ③ 학군

출처 : 효경노노

- 중학교 학업 성취도 평가 85% (또는 80%) 이상 학교 위치 표시 : 서신동, 송천동, 효자동의 학업 성취도가 좋음. 학원가도 유사하게 송천동, 서신동, 중화산동에 다수 분포.

출처 :아실

4 | 직장

직주 근접이 대세다. 연봉이 높은 소위 좋은 직장에 쉽게 접근할 수 있는 거주지가 인기가 많다. 크레딧잡 앱을 통해 지역별 고용인원 또는 매출액 순으로 어떤 일자리가 있는지 찾아보고, 지도 위에 위치를 표시해 본다. 그리고 해당 도시 주변 일자리까지 함께 살펴본다. 정주 요건이 좋은 전주시에 거주하면서 전주시 주변 도시로 출퇴근하는 경우도 많기 때문이다. 전주는 주요 일자리나, 도시 전체의 규모로 보아 타 도시에 비해서 직장 위치가 거주지에 큰 영향을 줄 것 같지 않다. 일자리보다는 신축, 학군, 주변 환경 등을 주요 입지로 보는 것이 좋겠다.

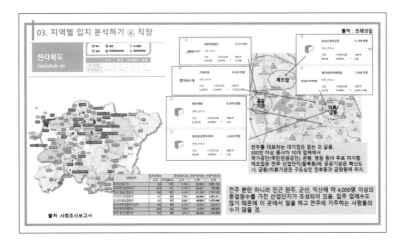

03. 지역별 입지 분석하기 ④ 직장

출처 : 크레딧잡

출처 :사회조사보고서

5 | 공급

과거 2~3년간의 수요 대비 입주량과 그에 따른 시세 변화, 그리고 앞으로 3년간의 입주량을 체크한다. 그리고 미분양이 있다면 그 수량도 함께 살펴본다. 전주는 앞으로 공급이 크게 부족할 것으로 예상되는 도시 중 하나이다. 현재는 태평아이파크(2022년 5월), 힐스테이트 어울림효자(2022년 6월) 입주로 도시 전체적으로 매매 전세 모두 물량이 소진되지 않고 있지만, 입주가 마무리되면서 자연스럽게 물량이 소진되고 가격이 오를 것으로 예상한다.

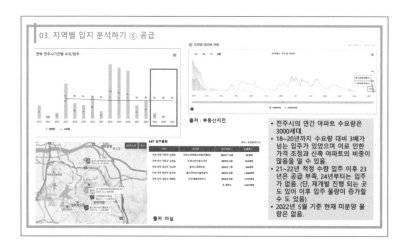

| 손품 결론 | 투자입지 순위 정하기

앞에서 살펴본 부동산 입지 평가 요소를 기준으로 전주시 동별 또는 택지지구별로 투자 순서를 정해 본다. 이 순서대로 지역을 살펴보기 위함이니, 이후에 순위가 변경될 수도 있다. 현재 이 순위도 내가 전주를 처음 공부했을 때(2020년 하반기) 매겼던 순서고, 객관적인 데이터로 평가하지만 투자자 개인별로 더 선호하고, 중요하게 평가하는 요소가 있기 때문에 개인별 차이가 있을 수 있다.(더 좋은 지역이 반드시 더 많이 오르는 것도 아니다.) **이렇게 순위를 매겨 보고, 상승장이 끝난 후에 가격 상승과 입지 순위를 비교해서 내가 놓친 부분, 잘못 생각한 부분을 수정하면 된다. 그게 바로 부동산이라는 움직이는 과녁을 맞추는 방법이라고 생각한다.**

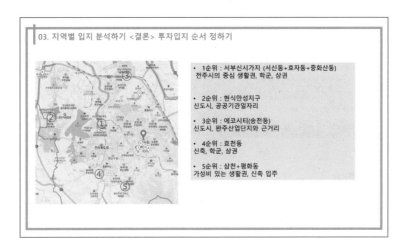

---

1 | 동별 세부 분석

내가 가장 좋다고 생각하는 동부터 세부적으로 분석에 들어간다. 학교와 상권, 학원가의 위치를 표시해 보고 주변에 어떤 아파트가 있는지 어떤 아파트가 살기 좋을지 상상해 보고 실제로 임장을 하면서 확인한다. 임장하면서 느낀 점도 적고 주요 아파트들의 가격과 가격 흐름도 파악한다.

2 | 주요 단지 시세 흐름 파악

시세를 이끄는 대장 아파트와 투자하고 싶은 단지도 표시해 둔다. 이 작업이 시간이 많이 소요될 수 있다. 지역 분석이 익숙해지면 시세 지도와 한 번에 작성해도 되고 생략할 수도 있지만, 지역 분석이 익숙하지 않은 초반에는 이 작업을 해보면 지역을 이해하는 데에 큰 도움이 될 것이다.

3 | 동별 전체 시세 조사

그 지역의 전체 아파트의 시세를 모두 조사한다. '세대수 200세대 또는 300세대 이상, 20~30평형대'와 같이 투자 최소 기준은 세우고 1~3층과 탑층 가격을 제외한 전세 가격은 최고가, 매매 가격은 최저가로 적는다. 평균 매물 가격보다 너무 높은 전세 가격은 제외한다.

이때 주의할 점은 내가 점찍어 둔 단지의 가격만 조사하지 않는 것이다. 의외로 내가 눈여겨보지 않았던 단지에서 좋은 매물과 투자 물건을 만나는 경우도 있기 때문이다. 한 지역 안에서는 시점에 차이를 두고 대부분의 아파트가 가격의 등락을 함께하기 때문에, 선입견을 버리고 객관적인 시선으로 봐야 한다.

이렇게 조사한 가격에서 임장보고서 쓰기 <5단계> 투자 기준 확인하기를 거쳐 내가 세운 원칙에 부합하는 물건인지 재확인한다.

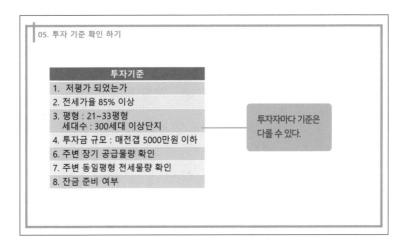

마지막 <6단계> 최종 투자처 정하기 단계에서는 실제 매물을 비교한 후 투자하기 가장 좋은 매물을 1위에서 3위까지 정하고 투자 진행 여부를 결정한다.

| 1단계 | **지역 정하기**

포항시(인구 50만명)는 경상북도 동남부에 위치하며 영천시(10만명)와 경주시(26만명)와 인접한 경상북도 최대 도시다. 현재 매매 절대가 자체가 저평가되어 있으며 전세가율이 높다. 다만, 2024년 입주량이 수요량의 네 배에 달해 이에 대한 준비가 필요한 위기와 기회가 공존하는 도시다.

01. 지역 정하기   포항시는 현재 매매가 절대가 자체가 저평가 되어 있으며, 전세가율이 높음. 다만, 24년 입주량이 수요량의 4배 가까이 되므로 이에 대한 준비가 필요한 도시임.

	매매가(만원)	전세가(만원)	전세가율	인구수(명)	세대수(세대)	적정물량(호/1년)	22년 입주량(호)	23년 입주량(호)	24년 입주량(호)	3년간 수요 대비 입주 비율(%)
부산	1,522	933	61%	3,336,737	1,556,938	16,684	26,039	21,836	13,779	123%
인천	1,587	1,037	65%	2,957,066	1,313,975	14,785	42,754	46,867	23,180	254%
대구	1,179	830	70%	2,375,306	1,070,705	11,877	21,563	37,088	23,609	231%
대전	1,324	900	68%	1,448,401	670,279	7,242	10,308	3,762	11,552	118%
광주	1,077	775	72%	1,435,378	650,131	7,177	15,938	5,031	5,457	123%
울산	1,075	830	77%	1,115,609	48,552	5,578	4,083	9,042	4,455	105%
경남 창원시	1,136	844	74%	1,026,749	456,089	5,134	1,079	3,936	3,923	58%
충북 청주시	876	745	85%	849,003	391,641	4,245	4,027	6,665	4,918	123%
제주도	1,816	1,083	60%	678,012	310,265	3,390	373	841	418	16%
충남 천안시	899	717	80%	657,214	301,238	3,286	3,662	5,104	8,292	173%
전북 전주시	860	728	85%	654,421	295,124	3,272	3,397	1,073	64	46%
경남 김해시	814	667	82%	536,175	227,834	2,681	814	4,537	2,409	96%
경북 포항시	710	666	94%	499,854	232,603	2,499	-	3,332	11,348	196%
경북 구미시	651	585	90%	409,555	183,785	2,048	581	1,610	4,873	115%
강원 원주시	770	602	78%	359,596	167,510	1,798	882	2,122	2,457	101%
경남 양산시	878	662	75%	353,886	154,728	1,769	2,120	2,800	5,567	198%
경남 진주시	951	796	84%	345,303	158,594	1,727	-		1,638	32%
충남 아산시	774	615	79%	330,516	149,551	1,653	5,393	8,708	1,698	319%
강원 춘천시	862	671	78%	285,907	132,351	1,430	2,048	402	1,597	94%
전남 순천시	728	618	85%	280,195	125,064	1,401	1,800	2,497	2,522	162%
전북 익산시	638	573	90%	276,140	130,431	1,381	1,263	900	3,349	133%
전남 여수시	763	546	72%	275,544	128,705	1,378	2,481	1,081	-	86%

데이터 출처 : 부동산지인

세부 데이터를 확인할 수 있는 포항시 임장보고서는 저자 블로그 자료실에서 다운로드 받을 수 있다. (비번 : 7777)

1 | 주요 시설 파악하기

역시 포스코(포항제철소)가 가장 눈에 띄며, 이어서 포항국가산업단지가 도시 중심에
위치해 있다. 죽도시장 중심으로 상권이 발달해 있고, 바다와 산지 사이 평지에
거주지가 개발되었다. 중심에서 북서와 동남쪽으로 도시가 확장되어 가는 것을
볼 수 있다.

2 | 행정구역 파악하기

포항시는 북쪽의 북구와 남쪽의 남구 두 개의 구로 이루어져 있으며, 도시 전체
규모에 비해 도시가 발달한 지역은 한정되어 있음을 알 수 있다.

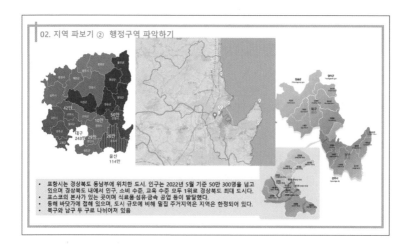

3 | 택지지구 개발 현황(주거지 형성과정)

원도심을 중심으로 1990년대부터 아파트 지구가 형성되었으며, 이후로 북서쪽와 남동쪽으로 택지지구가 확장되고 있다.

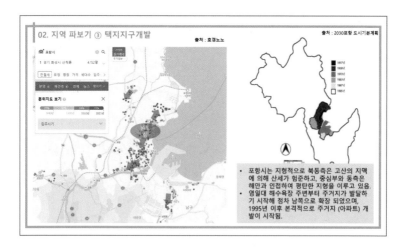

1 | 인구

포항시는 2015년도부터 인구가 감소하고 있으며, 세대수는 꾸준히 증가하고 있다. 포항시는 경북의 주요 도시(경주, 구미, 경산 등)와 대구광역시와의 인구 전출입이 활발하다.

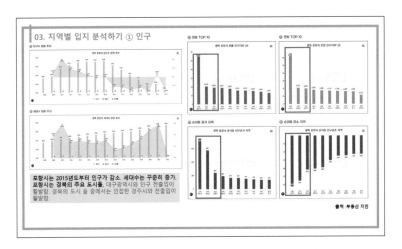

2 | 교통

포항시는 새만금포항고속도로와 동해고속도로 개통으로 타 지역과의 접근성 대폭 개선되었다. 하지만 시내 내부 도로망은 최근까지도 도로망이 부족해 출퇴근 시간이면 시내 주요 곳곳 교통 정체가 있다고 한다. 다소 지역별로 떨어진 생활권의 영향이 아닌가 한다.

현재 동해안을 따라 동해선 철도도 올해 완공을 앞두고 있다. 이로 인해 강원도, 부산까지의 원활한 철도 교통도 기대된다.

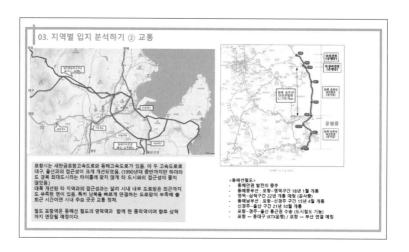

3 | 학군

포항은 학군이 꽤 좋은 지역으로 유명하다. 특히 포항제철 중·고등학교가 있는 지곡동이 유명하며, 북구에서는 두호동이 학군지로 유명하다. 학원은 양덕동과 이동에 많이 분포하고 있다.

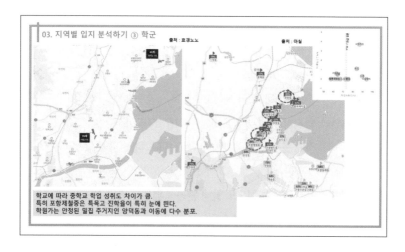

4 | 직장

역시 포스코와 관련 업체들이 주를 이루고 있으며 연봉 수준도 높다. 현재 포항 북구 KTX역 역세권 인근 이인지구 옆에 펜타시티가 조성되어 기업들이 입주하고 있다.

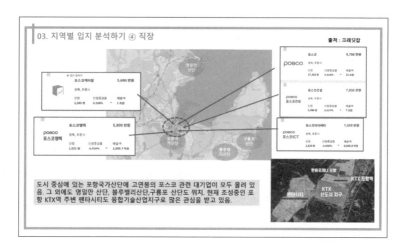

5 | 공급

포항은 2018년 수요 대비 세 배 입주가 있었고, 2019년과 2020년도 입주가 적지 않았다. 하지만, 2021년과 2022년은 입주가 없고, 2023년 적정, 2024년도에 다시 수요 대비 네 배 이상의 입주가 예상된다. 2020년에 모두 소진되었던 미분양 물량이 다시 쌓이고 있다. 입주 아파트의 위치를 살펴보면, 포항 중심보다는 북구의 KTX역 주변의 흥해읍과 포항산업단지 주변의 남구 오천읍으로, 다소 선호도는 떨어질 것으로 예상된다. 하지만, 도시 규모 자체가 크지 않아 출퇴근 이동 시간이 길지 않다. 따라서 특히 신축과 신도시를 선호하는 젊은층을 중심으로 이동이 예상되어 입주 시기에 기존 아파트의 매매가와 전세가 하락을 대비해야 할 수도 있다.

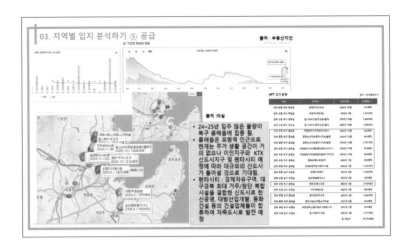

|손품 결론| 투자입지 순위 정하기

거주민, 학군, 주변환경 등을 종합적으로 평가하여, 남구 효자동+대잠동을 1순위로 뽑았고, 다음 남구 지곡동, 북구 두호동, 북구 양덕동, 남구 이동 순으로 뽑았다. 초곡지구는 현재 조성되고 있는 신도시로, 관심 있게 지켜보면 투자 기회가 올 수도 있어 6번으로 뽑았다.

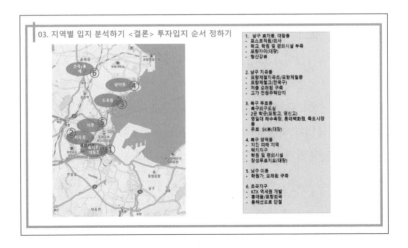

1 | 동별 세부 분석

투자 순위 1순위로 뽑은 남구 효자동과 대잠동을 세부적으로 살펴보았다. 포스코 본사 및 포항공대가 인접하고 상권이 발달한 포항의 중심가이며, 현재 포항 대장 아파트인 포항 자이가 위치하고 있다. 효자 초등학교 선호로 인근 아파트 수요가 존재하며 포항 상승장에서 가장 먼저 흐름을 타는 지역이다.

2 | 주요 단지 시세 흐름 파악

남구 효자동과 대잠동의 30평대 아파트의 실제 매물의 시세를 조사하였다. 포항 자이의 경우, 작년에 6억원을 돌파하였으나, 현재 4억원 후반대에도 매물이 나오고 있고, 주변 아파트들도 소액으로 투자 가능 구간에 들어와 있음을 볼 수 있다. 다만 향후 2~3년 내 과잉 입주가 예정된 지역이므로 리스크 관리가 필수적이다.

3 | 동별 전체 시세 조사

다음은 동별 전체 시세를 조사한 것이다. 32평을 기준으로 입주년, 세대부, 매매가, 전세가를 정리해 놓았다.

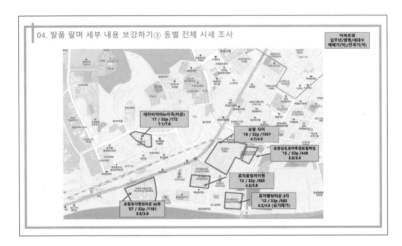

이렇게 조사한 가격에서 임장보고서 쓰기 <5단계> 투자 기준 확인하기를 거쳐 내가 세운 원칙에 부합하는 물건인지 재확인한다.

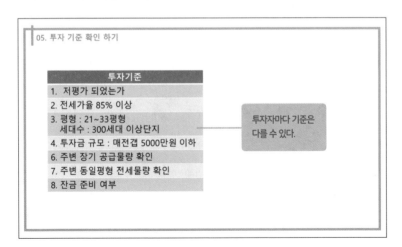

마지막 <6단계> 최종 투자처를 정하기 단계에서는 실제 매물을 비교한 후 투자하기 가장 좋은 매물을 1위에서 3위까지 정하고 투자 진행 여부를 결정한다.

임장보고서에서 활용한 사이트

아실	asil.kr
부동산 지인	www.aptgin.com
호갱노노	hogangnono.com
KB부동산	kbland.kr
택지정보시스템	www.jigu.go.kr
네이버 부동산	land.naver.com
행정안전부 주민등록통계	www.mois.go.kr
국가통계포털	kosis.kr
국세통계포털	tasis.nts.go.kr

돈이 된다! 급등주 **투자법**

디노(백새봄) 지음 | 18,800원

월재연 90만 회원 열광, 한경TV가 주목! 월수익 500만원 디노의 급등주 투자법

- 급등주로 매달 수익실현! 돈 뭉치가 2배속으로 커진다!
- 손절 없는 물타기 신공부터 차트 보는 법까지 총망라!
- 디노의 낚싯대 매매법은 최고의 복리투자!

❶ 단계 - 재무제표, 가격, 수급/심리, 재료로 급등신호 포착하기

❷ 단계 - 10~20개 종목에 분산투자하기
단, 현금 10% 보유 원칙을 지킨다.

❸ 단계 - 목표 수익 10%에 도달하면 무조건 매도하기

돈이 된다! ETF **월급 만들기**

투생(이금옥) 지음 | 18,000원

ETF 풍차 돌리기로 10% 수익 무한창출!

- 투생 추천! 투자자별 ETF 포트폴리오 제시
- 기계적으로 수익 실현! 월급처럼 현금이 꽂힌다!

❶ 단계 - 적금처럼 ETF 5개 종목을 사 모은다!

❷ 단계 - 목표 수익 도달하는 종목부터 매도한다!

❸ 단계 - 저평가 ETF 발굴해 투자한다!

돈이 된다! 부동산대백과

김병권 지음 | 22,200원

190만 부동산스터디가 열광!
'부동산아저씨'의 부린이 만들기!

- 전월세, 청약, 재개발, 재건축, 경매, 상가, 절세, 대출까지!
- 부동산 왕초보를 위한 즉문즉답!
- 흙수저 출신, 100억 가까이 모은 자산가의 조언!

| 특별선물 | 〈돈이 된다! 상가투자〉 e-Book 증정!

돈이 된다! 스마트스토어

엑스브레인 지음 | 19,800원

네이버 No.1 쇼핑몰 카페 주인장
엑스브레인의 스마트스토어 비밀과외!

- 취업준비생, 자영업자, 제2의 월급을 꿈꾸는 직장인 강추!
- 포토샵 몰라도, 사진이 어설퍼도, 광고비 없어도 OK!

★ 스마트스토어로 부자 되기, 단 5일이면 충분!

1일 차 | 스마트스토어 세팅하기 　　2일 차 | 상세 페이지 만들기
3일 차 | 상위 노출하기 　　　　　　4일 차 | 돈 안 내고 광고하기
5일 차 | 매출 분석하기